CRISES E TRAVESSIAS

NAS DIVERSAS ETAPAS DE VIDA DO CASAL
E DO GRUPO FAMILIAR

Olga Beatriz Ruiz Correa

CRISES E TRAVESSIAS
NAS DIVERSAS ETAPAS DE VIDA DO CASAL
E DO GRUPO FAMILIAR

2ª Edição
POD

KBR
Petrópolis
2013

Edição de texto **Noga Sklar**
Editoração **KBR**
Capa **KBR s/ "Retratos de família", Jeanette McCulloch, Arquivo Google**

ISBN **978-85-8180-141-4**

KBR Editora Digital Ltda.
www.kbrdigital.com.br
www.facebook.com/kbrdigital
atendimento@kbrdigital.com.br
55|24|2222.3491

150 - Psicologia

Olga Beatriz Ruiz Correa é psicanalista e psicoterapeuta de casais e família e membro da SFTFP (Société Française de Thérapie Familiale Psychanalytique) e da AIPCF (Association Internationale de Psychanalyse de Couple et de Famille) — das quais foi membro do primeiro Conselho Diretivo (2006/10) — e da Sociedade Francesa de Psicoterapia Psicanalítica de Grupo. Formada pela Universidade Nacional de Buenos Aires e com pós-graduação na França no Centro Alfred Binet, como bolsista do governo francês, vive hoje no Rio de Janeiro. É ex-diretora do Departamento de Formação em grupoanálise na SPAG-R.J. (Sociedade de Psicoterapia Analítica de Grupo do Rio de Janeiro). Exerceu funções docentes em universidades e clinicou no Brasil, Argentina e França. Entre seus inúmeros artigos e livros publicados, destacam-se: *Grupo familiar e psicanálise* (São Paulo: Vetor, 2007), *Os avatares da transmissão psíquica geracional* (São Paulo: Escuta, 2001), *O legado familiar* (Rio de Janeiro: Contracapa, 2000) e *Différence culturelle et souffrances de l'identité* (Paris: Dunod, 1998).

Email da autora: olgarcorrea@terra.com.br

Para Ian, Luca e Matteo.

A porta representa de maneira decisiva como o separar e o ligar são apenas dois aspectos de um mesmo e único ato.

Georg Simmel, *Ponte e Porta*

AGRADECIMENTOS

Aos meus caros colegas, amigos e pacientes, que foram um estímulo para a realização deste livro, junto ao afeto de meus filhos.

SUMÁRIO

PREFÁCIO

Você reuniu os membros da família F. Você os deixou se expressar.
Acontecem algumas banalidades. Chegam informações destinadas a
situar respectivamente os diferentes membros. Anedotas que você ouve
atentamente. Mas eis que um mal-estar insidioso se insinua em seu
espírito. Algumas dúvidas flutuam. Você começa a se perguntar se
Jeanne é mesmo a filha de Justin, ou sua irmã.

Paul-Claude Racamier, *L'Inceste et l'incestuel*

Todo caminho de pesquisa encontra sombras ainda impenetráveis. Enigmas a serem decifrados. Territórios suspeitos. O trabalho de construção de uma obra é interminável.

Somente uma pequena parte pode ser vista, quando estamos diante da grandiosidade do todo — é o que se reconhece neste novo livro de Olga Correa, no qual a autora dá continuidade à sua trajetória de investigação sobre a tecelagem grupal do psiquismo, já expressa marcadamente em *O Legado Familiar*, publicado em 2000. A magnitude dos temas aqui abordados revela o árduo trabalho da escritora, que procura, pela pesquisa sistemática e minuciosa, não se curvar à lógica da evidência e da completude dos saberes constituídos.

O pensamento da autora é um dos mais sólidos e consistentes no enfrentamento dos desafios para a compreensão e abordagem do grupo familiar e do casal. Ao operar nas fronteiras do psíquico, como interioridade e exterioridade, dá "um passo a mais" na direção do pensar o sujeito como elo de uma cadeia de transmissão em que ele próprio é forjado.

Este é, ao meu ver, o pano de fundo da densa discussão apresentada neste livro, no qual se estruturam um campo conceitual e um dispositivo metodológico pelo qual a autora redesenha a clínica.

Ancorada na terapia familiar psicanalítica (T.F.A.) e na psicoterapia analítica vincular, a via de acesso que melhor respeita sua reflexão e seu diálogo com outros pensadores relança o pensamento de Freud, retoma as produções de Anzieu, Aulagnier, Eiguer, Kaës, Berenstein-Puget e faz trabalhar a complexidade do formidável movimento analítico.

Sua produção teórico-clínica tinha sido apresentada em quatro livros anteriores, por ela organizados: *Avatares da Transmissão Psíquica, Grupo Familiar e Psicanálise* e *Vínculos e Instituições*, além de um clássico em parceria com René Kaës, *Différence Culturelle et Souffrance de l'Identité*, publicado na França em 1998, fruto de suas pesquisas em Paris junto à Associação Europeia de Análise Grupal Intercultural. Nesse último são apresentados junto a outros colegas psicanalistas os problemas fundamentais da *clínica intercultural* [*brassage des cultures*] — obra de referência para analisar a diferença cultural e os sofrimentos identitários, é citada por Kaës em seu recente livro *Le Malêtre* (2012), no qual este autor reflete sobre as novas formas do sofrimento psíquico e a especificidade do mal-estar contemporâneo.

Sua produção no âmbito acadêmico e de formação clínica na França remete à sua participação como membro do Primeiro Conselho da Sociedade de Terapia Familiar Psicanalítica, em Paris, e, posteriormente na colaboração para a organização como membro do 1º Conselho da Associação Internacional de Psicanálise de Casal e Família — AIPCF (2006).

No Brasil, tem realizado seminários de formação clínica no Rio de Janeiro, São Paulo e Pará, entre outros estados. Em São

Paulo tem participado, desde 2005, de seminários em nível de graduação, pós-graduação e extensão universitária ligados ao LAPSO — Laboratório de Estudos em Psicanálise e Psicologia Social do Instituto de Psicologia da USP.

Fruto de sua profunda experiência, neste livro Olga nos conduz desde o início à minuciosa exploração dos conceitos a partir dos quais acompanhamos seu pensamento e o conjunto de referências que será o alicerce da construção do trabalho. Em alguns capítulos, a trama de conceitos vai tecendo um pensamento em que a investigação sobre o vínculo e a intersubjetividade permite alinhavar a discussão sobre o grupo familiar, a configuração do casal, o lugar do filho na tecelagem vincular e a perinatalidade, bem como a construção da parentalidade e seus percursos. Noutros, os temas desenvolvidos implicarão o enfrentamento da problemática sociocultural ligada ao mal-estar da cultura na atualidade, como a violência intrafamiliar, as crises e a figura do adolescente, as migrações vinculadas a conflitos psicossociais.

É necessário dizer que, de um tema a outro, pode-se reter de cada um deles os únicos aspectos que nutririam a interrogação sobre a construção do psíquico, do vincular, ou seja, do subjetivo: identidade e alteridade se constroem reciprocamente e a "alteridade evidencia essa distância tecida de proximidade". Como se construir com e contra o outro? Qual o laço que amarra e desata a simultaneidade pai/ mãe x filho?

O mundo de hoje globaliza os lugares e obriga a um rearranjo de fronteiras. Com a reestruturação do espaço, cria-se uma nova geografia, onde se deve destacar que uma atividade teórico-clínica em psicanálise suporá a construção de um novo dispositivo e de uma outra escuta, em que a apreensão da realidade psíquica se construirá na articulação dos espaços intrapsíquicos e grupais (intersubjetivos), ao reconhecer no fantasma inconsciente sua dimensão estrutural e distributiva. Evidencia-se aqui o duplo eixo estruturante da posição do sujeito e da organização do grupo.

Neste contexto, pode-se dizer que o analista não é autor das ideias que possa veicular, mas transmissor daquilo que possa captar. Olga nos permite caminhar para essa outra escuta. É uma nova clínica, onde redefinem-se práticas e se configura um novo processo de construção do conhecimento sobre a tecelagem psíquica pessoal e grupal de casais e famílias.

Alguns afirmam que o berço fundamental do desenvolvimento que permite a existência de uma obra é o enlace amoroso entre as forças que o constituem, de onde surgiria o núcleo rítmico, a *dolcissima armonia* do poeta, como nos diz Honigsztejn, referindo-se a Dante.

Neste livro há uma harmonia entre os ritmos contínuos e descontínuos, como na arquitetura onde o espaço é modelado, onde espaço-obra é uma unidade. Desta sairá o delineamento de novos contornos para a clínica de casais e família, e o alargamento das fronteiras teóricas.

Maria Inês Assumpção Fernandes
Professora Titular do Departamento de Psicologia Social e do Trabalho - Instituto de Psicologia - USP
Membro da APICF (Associação Psicanalítica Internacional de Casal e família)

Introdução

As transições e crises, assim como as transformações das múltiplas experiências ao longo da vida, fazem parte da tecelagem psíquica pessoal e grupal, aquela que nos precede, envolvendo os processos de transmissão psíquica com as singularidades próprias de cada casal e família, inseridos num contexto sociocultural que os atravessa.

A escuta dos sofrimentos psíquicos que se entrelaçam nos vínculos intra e intersubjetivos, para os quais a abordagem psicoterapêutica individual resulta muitas vezes limitada, constitui uma tarefa que se torna possível a partir de um dispositivo grupal proposto pela terapia familiar psicanalítica, um recurso para acompanhar as crises e mudanças que a família e o casal devem enfrentar ao longo da vida.

Transcorreu algum tempo desde minha contribuição sobre grupos, família e transmissão psíquica geracional desenvolvida no livro *O legado familiar*, considero uma tarefa complementar ampliar diversos temas vinculados entre si, levando em conta novas perspectivas para, assim, continuar um diálogo iniciado com colegas, alunos e leitores em geral.

Alguns desses temas foram desenvolvidos parcialmente em seminários na USP (Universidade de São Paulo), grupos de estudo ou em congressos; e devido ao interesse despertado procuro oferecer uma abrangência clínica mais ampla, com sucintas vinhetas clínicas em determinados temas, sem, contudo, esgotar seus substratos teóricos. Tais referências são mencionadas na bibliografia, mas é importante ressaltar as fontes teóricas que têm norteado minha contribuição, apoiada na obra freudiana e nas produções de Anzieu, Aulagnier, Eiguer, Kaës, Berenstein-Puget, além de colegas mencionados ao longo dos temas desenvolvidos.

As situações psicanalíticas pluripessoais, como o tratamento do grupo familiar e de casais, envolvem uma metodologia e um dispositivo psicanalítico específicos para tratar dos sofrimentos psíquicos nos vínculos intra e intersubjetivos, assim como as diversas fraturas na constituição dos envelopes psíquicos individuais e grupais que os delimitam e protegem.

Ao longo da vida, famílias e casais atravessam diferentes situações de crise, seja pela intensidade da situação ou pela etapa vital. Os efeitos transformadores desses acontecimentos comportam muitas vezes importantes sofrimentos, podendo detonar patologias de diversos graus.

A partir de Morin (1979), encontramos variadas definições de crise. Kaës (1983) assinala que a elaboração das experiências de ruptura se constitui na vivência central e constitutiva do ser humano. Estes autores definem o estado de crise como aquele caracterizado pelo sentimento de perda e por uma experiência dolorosa de ruptura na continuidade do si mesmo.

Ao longo dos temas que desenvolvemos, nos deparamos com tais sentimentos de ruptura em momentos vinculados à chegada de um bebê ou no processo de transposição dos papéis filiais a parentais, como também na fase adolescente ou nos diversos momentos da vida de um casal e do grupo familiar quando acontecimentos podem detonar fissuras psíquicas de intensidades diversas.

Em alguns dos temas escolhidos, como a perinatalidade ou a violência intrafamiliar, observaremos a função dos escoramentos ou apoios (no sentido de duplo sustento) do psiquismo. Assim como os pactos e alianças inconscientes, o processo de transmissão psíquica geracional está sempre envolvido como uma dimensão estrutural da vida psíquica.

Esses temas não esgotam a diversidade de situações vitais que envolvem dinâmicas muitas vezes complexas, particularmente os sofrimentos e transformações do grupo familiar e do casal decorrentes dos diversos movimentos internos ou desafios que o mundo contemporâneo nos apresenta: encontros, desencontros, lutos, separações e reencontros fazem parte dessa polifonia vital.

Uma das questões pouco abordadas se refere à dinâmica do grupo familiar perante a aparição de doenças importantes, como o câncer, acidentes com sequelas, Aids ou problemas neurológicos do tipo Alzheimer, cada vez mais frequentes, constituindo importantes desafios para o equilíbrio emocional, subjetivo e intersubjetivo, do casal e da família. O tema é mencionado de forma restrita nas migrações, porque essa problemática, de certa maneira, comporta uma viagem a territórios desconhecidos, que solicitam também um processo de transformação e elaboração — incluindo novos desafios para todo o grupo familiar.

TEMA 1 - A TECELAGEM GRUPAL DA FAMÍLIA E DO CASAL

A psicanálise, assim como outras disciplinas, constitui um caminho de compreensão e abordagem do grupo familiar e do casal.

Ao considerarmos a família, focaremos os aspectos singulares desse grupo, comumente apontado como o grupo primário por excelência, a matriz básica do processo de subjetivação, no qual são atendidas as necessidades básicas do ser humano, desde a nutrição para sobreviver, aos cuidados afetivos e a proteção que aliviam seu desamparo inicial. À diferença de outros mamíferos, o humano recém-nascido deve ser alimentado durante um longo período, e estimulado afetivamente para seu desenvolvimento intelectual, psicomotor e emocional.

O corpo da mãe, desde a vida intrauterina, é a matriz dos afetos. Esta relação inicial, acrescida mais tarde dos laços com o pai e outros membros do grupo familiar, será ativadora de intensas experiências sensoriais e afetivas, configurando os vínculos intra e intersubjetivos.

Antes de nossa chegada ao mundo, um grupo nos precede, e, como a imagem das bonecas russas, alberga em si outros grupos superpostos (espaço da transmissão geracional). As funções primordiais do grupo familiar são as de compartilhar um espaço comum e perpetuar a vida além das mudanças e mortes individuais, acolhendo as modificações, rupturas e perdas decorrentes do processo vital dos membros que o integram.

Na perspectiva psicanalítica, algumas características específicas desse grupo são a de reunir vínculos de aliança e consanguinidade, de filiação e fraternos, por onde circulam os diversos afetos. Kaës traz como hipótese central que o grupo é uma organização e um lugar de produção da realidade psíquica, cujas vias de aproximação são os sintomas e os sonhos, ou seja, as denominadas "formações de compromisso".

Em todas as culturas, o funcionamento da família está regido pelo tabu do incesto — isto significa que existe uma ordem simbólica das relações a partir de uma lei. Do ponto de vista da teoria psicanalítica, o tabu mencionado é representado pela ameaça da castração, que dá origem ao deslocamento de determinadas pulsões (agressivas, sexuais) para outras finalidades, que podemos observar nos diversos processos de sublimação.

Quais são os elementos básicos do grupo? Existem diversas definições, e vale a pena começar por sua etimologia, também variada: um exemplo é a palavra alemã "kruppa", que significa "massa arredondada"; a palavra "groupe" foi utilizada pela 1ª. vez em 1660, na França, e apenas em 1726 com o sentido de "conjunto de pessoas ou coisas que apresentam características em comum que podem ser usadas para classificar" isto é, algo próximo da definição de agrupamento (apud Anzieu,1981).

Em O legado familiar (2000), desenvolvi um percurso das produções teóricas das diversas escolas de grupoanálise, a argentina, a inglesa e a francesa, e suas respectivas definições. Mencionaremos resumidamente o conceito de "vínculo" como ponto central para refletir sobre o grupo.

Para R. Kaës, o grupo constitui o lugar de formação do inconsciente na intersubjetividade, da qual depende uma parte importante dos conteúdos desse mesmo inconsciente. A noção de vínculo tem sido elaborada por diversos psicanalistas; não pretendo fazer uma revisão histórica, apenas menciono Ronald Fairbairn, Pichon Riviére , Berenstein-Puget e o próprio Kaës, que têm articulado este conceito em suas contribuições teóricas. A palavra "vinculum" tem origem latina e significa atadura, laços. Segundo Kaës, o vínculo está incluído no "conceito de grupo intersubjetivo, o qual se refere a uma configuração de vínculos relativamente estável, permanente e significativa entre os sujeitos singulares". Essa configuração se define a partir de um entrelaçamento do trabalho psíquico entre os sujeitos que geram identificações comuns e representações compartilhadas.

O grupo familiar é o grande gerador de modelos de identificação. Um exemplo simples é o da criança que diz: "Quando crescer vou ser como papai (ou mamãe)."

O espaço intersubjetivo, segundo a definição de Kaës (1994), é constituído por processos e formações com efeitos psíquicos ao nível da família, casal e grupos em geral:

1. "O complexo edipiano tem uma função de ordenar ou pautar as relações entre desejo e interdição, subjetivando desta forma as diferenças entre os sexos e as gerações" (por exemplo, a interdição do incesto);

2. "O espaço psíquico grupal com os vínculos intersubjetivos possibilita uma função de apoio mútuo entre os sujeitos" e o recém-chegado fica relacionado ao narcisismo parental e os ideais comuns. Lembramos o conceito de "contrato narcisista" de Aulagnier, interligado com as alianças inconscientes elaboradas por Kaës (2009);

3. "Os vínculos intersubjetivos formam um espaço psíquico onde são apresentados, inicialmente pela mãe e o grupo familiar, os enunciados ligados às interdições fundamentais", específicos a cada sociedade e cultura, possibilitando as condições de rememoração. Esse espaço psíquico é estruturante para a subjetividade de cada sujeito. Aqui se possibilita a construção de vínculos de identificação, e, portanto, se refere a funções do eu (organizador) e do superego (controla e proíbe), que se mobilizam nas relações de dominação ou submissão. Nas famílias com sérias perturbações de violência de diversas índoles, observaremos a carência ou limitações das funções egoicas e superegoicas.

Lembramos que cada vínculo, especialmente no grupo familiar, se organiza positivamente sobre investimentos mútuos, sobre identificações comuns, ideais e crenças, em torno de modalidades toleráveis de realização de desejos. Ao mesmo tempo, "o vínculo se sustenta também negativamente sobre uma comunidade de renúncias e sacrifícios, sobre o que se apaga e rejeita, sobre aquilo que se deixa de lado", constituindo o pacto denegativo (Kaës, 1991).

Anzieu (1985) define o conceito de envelope grupal da seguinte forma: "Um grupo é um envelope que congrega e também protege, um conjunto de indivíduos, sem o qual não há grupo, mas sim, um agregado humano." Para ele, o grupo, visto sob a perspectiva psicanalítica, assim como o sonho, preenche uma função de realização imaginária dos desejos frustrados, em particular os proibidos, e o relacionamento entre ambos é importante (Anzieu, 1965). Do mesmo modo que o sonho, o grupo é atravessado por pulsões amorosas e agressivas.

Uma resposta à interrogação de como um conjunto de indivíduos pode constituir um grupo é apresentada por Kaës (1965) a partir do conceito de aparelho psíquico grupal (A.P.G.), construção comum dos membros de um grupo — objeto intermediário e transicional. Este é definido por suas diversas articulações com os organizadores intrapsíquicos e socioculturais, que desenvolvemos mais adiante. Essa figuração teórica do grupo é concebida como forma e estrutura do vínculo social e do psiquismo, assegurando assim a tríplice função de contato, transmissão e transformação psíquica inconsciente. Kaës (1970) faz ainda a passagem de uma teoria psicanalítica do agrupamento para uma teoria da grupalidade do psiquismo, salientando que este está constituído por formações grupais.

André Ruffiot retoma esse conceito para se referir ao aparelho psíquico do grupo familiar de forma específica.

Organizadores da representação do vínculo grupal intrapsíquicos e socioculturais

Os conceitos referentes à representação inconsciente ou pré-consciente do grupo como objeto fortemente investido pelo psiquismo e pelo discurso social são objetos de estudo desde 1970, nas pesquisas de Kaës e também nos desenvolvimentos de D. Anzieu (1981). Poderiam ser vinculados aos pressupostos básicos de Bion na medida em que organizam os processos grupais e nos facilitam sua compreensão. Mencionaremos alguns dos organizadores grupais em forma resumida.

Organizadores intrapsíquicos

Pensamos em particular a imagem do corpo, tendo em vista sua referência no vínculo fusional do bebê com sua mãe, ou o conceito de simbiose desenvolvido por Bleger. Podemos também pensar em vínculos simbióticos sem discriminação, frequentes em um casal ou entre os integrantes de um grupo familiar, nos quais a diferenciação ou discriminação pode resultar muito ameaçadora para o equilíbrio psíquico individual e do grupo. No caso de um grupo familiar simbiótico, o crescimento e discriminação dos filhos adolescentes são vivenciados como ameaça para a continuidade do casal, o que pode, por exemplo, detonar diversos sintomas, às vezes a nível corporal, já que fazem parte de um corpo apenas fantasiado. A imagem do corpo, incluída entre esses organizadores, é muito especial devido à representação do objeto grupo.

Outros organizadores da ordem intrassubjetiva, tais como os grupos internos, estão constituídos pelas fantasias originárias, a imagem do corpo, os complexos edipiano e fraterno, incluindo as fantasias de sedução, castração e as redes de identificações.

Existe um processo recíproco em que uma fantasia é organizadora da vida psíquica grupal: ao ser introjetada como representação comum, retorna ao exterior como organizadora. Entre os organizadores do denominado "complexo familiar" mencionamos o complexo edipiano e o complexo de intrusão, que organizam representações comuns e lembranças de forte valor afetivo, parcial ou totalmente inconscientes.

Os organizadores socioculturais

Todo grupo familiar e casal está inserido em um contexto sociocultural que não pode ser ignorado na compreensão de seus conflitos, não só vinculados às repercussões da falta de inserção profissional, nas tensões do lar ou na imposição globalizada das migrações geográficas, senão para articular-se desde o início com as expectativas do lugar a ser ocupado na estrutura familiar nas diversas culturas — como na passagem do papel filial para o paterno.

A dimensão sociocultural está presente desde os cuidados perinatais, assim como na experiência da primeira saída do lar — no espaço da creche, por exemplo, a criança e seus pais encontram outras "culturas", que despertam o narcisismo das "pequenas diferenças" a partir de outras formas de colocar limites às crianças. Progressivamente, se apresentam novos e diversos objetos de identificação, outros rituais do dia-a-dia, tudo isso demarcando as "diferentes formas de se estar no mundo". Estes organizadores são próprios de cada cultura familiar e social, e funcionam como códigos e emblemas da identidade grupal. Mencionamos os mais significativos:

— as práticas sociais, que envolvem um conjunto de atividades concretas tais como os cuidados dispensados ao bebê a partir de diversos tipos de alimentação e socialização;

— os sistemas sociais de representação, mitos, rituais, ideologias, concepções de mundo; por exemplo, um mito ou fantasia de uma família pode ser transmitido como "unidos venceremos", representando um emblema familiar que pretende criar uma força especial para enfrentar as dificuldades da vida.

Ao desenvolver o tema sobre família e migração complementamos a importância destes organizadores.

O casal e a eleição amorosa na configuração dos vínculos

O casal conjugal e o parental estão presentes nos vínculos do grupo familiar, às vezes com interferências de um sobre outro que serão assinaladas ao longo das vinhetas clínicas. Há, em geral, uma integração harmoniosa entre esses vínculos. Outras vezes, é preciso esclarecer as prioridades ou discriminar interferências.

Na "Introdução ao narcisismo" (1914), Freud assinala dois tipos de eleição do objeto amoroso, podendo-se optar pelo objeto narcisista ou libidinal: no primeiro, se ama através do outro, algo próximo a se ver refletido pelo outro como num espelho (no início, é o deslumbramento perfeito, como no mito de Narciso); na 2ª opção existe uma eleição com base no apoio ou complemento mútuo, onde "a mulher protege, sendo o homem provedor", conclui Freud. Ambos os ingredientes estão presentes na eleição amorosa de forma mais ou menos intensa. A dimensão narcisista é essencial, adotando a forma de uma projeção do ideal do eu do sujeito, em um movimento de completa identificação — os dois pensam, sentem e vivem da mesma forma, pelo menos numa etapa inicial.

O estado amoroso do casal tem sido considerado como uma gestação, durante a qual cada parceiro espera do outro o comportamento de uma mãe solícita, só a ele dedicado, sem necessidades próprias, sem outras exigências. Esse estado de simbiose dispara uma fantasia de partilhar um corpo e psiquismo comuns, ou seja, um objeto-casal ideal.

O fantasma de engendramento recíproco do parceiro no casal, ou do próprio casal, é vinculado à fantasia mencionada. São fantasias onipotentes e paradoxais, que possibilitam a realização do desejo de refazer o mesmo percurso da infância, desta vez protegidos, idealmente, contra as desilusões e traumatismos.

Por outro lado, o casal se constrói sobre uma organização defensiva em torno do que foi definido como um contrato inconsciente: cada um cria a fantasia inconsciente de que o outro possui a chave para ajudá-lo a enfrentar suas angústias mais profundas, vinculadas ao que Bleger assinalou como sendo a parte sincrética ou indiscriminada da personalidade — aqueles elementos primários e indiferenciados do psiquismo que podem se traduzir em condutas melancólicas, maníacas e outras consideradas como passageiras, portanto, aceitas.

Kaës ilustra essas alianças através do conceito de "pacto denegativo" — defesas inconscientes que operam na formação do vínculo do casal. Este pacto se apoia na ideia de "contrato narcisista" de P. Aulagnier, que será desenvolvido posteriormente, e tem duas funções: uma de organização do vínculo, e outra defensiva, constituindo um acordo inconsciente para formar e manter essa ligação. Tais conceitos serão melhor definidos nas vinhetas clínicas que apresento mais à frente.

Berenstein e Puget, psicanalistas argentinos com uma longa e significativa produção teórico-clínica de casal e família, fazem referência ao denominado "soclo inconsciente",[1] um alicerce inconsciente que sustenta a aliança conjugal, incluindo a dimensão afetivo-sexual e um projeto comum, junto a um tempo compartilhado.

Este vínculo é também atravessado por uma fantasmática ligada ao complexo edipiano e à fantasia de castração. No encontro inicial, se misturam afetos, desejo e pulsão, com vestígios de um tempo primordial de cada participante. A história geracional de cada um, assim como as alianças inconscientes, presidem a con-

---

1. No espanhol original, "*zócalo*" — "do fr. *socle* (1639) 'base que serve de suporte a uma estátua, a uma coluna, a um busto etc.'; (1853) 'o que sustenta, serve de base, de suporte'" (Houaiss).

figuração psíquica do vínculo do casal.

Caraterísticas do grupo familiar

A psicanálise considera o grupo familiar como a base de construção da subjetividade. A família nuclear como instituição é objeto de estudo de diversas disciplinas, como foi assinalado, mudando assim cada definição particular sob o ponto de vista da sociologia, do direito civil, da antropologia, entre outras. Representa um espaço que protege e abriga, uma linha que separa o conhecido do desconhecido, o dentro e o fora, gerando um sentimento de pertencimento ligado a vínculos de um *habitat* e espaço comum, um território compartilhado.

Em relação ao bebê, Winnicott (1975) assinala que o sujeito se manifesta e só existe na sua relação com o outro; Kaës (1993) agrega: "com mais de um outro". Aqui integramos seu conceito de intersubjetividade, que se constrói no espaço psíquico próprio de cada configuração dos vínculos, sendo assim definida por este autor: "chamo de intersubjetividade a esta estrutura dinâmica do espaço psíquico entre dois ou vários sujeitos". O grupo familiar se inscreve nesse espaço grupal, que é também expressão do inconsciente.

Podemos salientar que é a chegada de um filho, seja biológico ou adotado, que transforma o casal em uma família.

Um grupo familiar se constitui em várias etapas:

1. encontro do casal fundado (sob o ponto de vista da psicanálise) numa convivência imaginária inconsciente, com uma dimensão narcisista;
2. inserção do grupo na trama sociocultural, a partir dos diversos pactos de aliança (Kaës, 1993) e do "contrato narcisista" (Aulagnier, 1981), acordos e pactos envolvendo o vínculo grupal apoiado no narcisismo; cada um faz do grupo uma espécie de espelho, que devolve imagens

positivas e gratificantes a cada membro e ao próprio grupo, além do compromisso de ocupar um lugar na trama geracional.

Na estrutura vincular inconsciente da família, o valor vigente está assentado na exogamia, na diferenciação de sexos, no tabu do incesto e na função paterna da Lei como interdição, dentro de nossa cultura ocidental.

As novas configurações familiares

O número de novas formas de família têm aumentado significativamente nos últimos anos, constituindo muitas vezes novos desafios teórico-clínicos para a terapia familiar psicanalítica: são famílias monoparentais, recompostas, homoparentais.

A sociedade contemporânea é caracterizada pela velocidade com que se operam as mudanças e a fragilidade dos diversos vínculos da ordem familiar, profissional e social que incidem, de diversas formas, nas configurações do grupo familiar.

Na Grécia antiga, a família era fundada sobre a *"Philia"* parte comum e idêntica dos membros de uma família, representando a consanguinidade e continuidade, apoiada sobre Eros e o desejo amoroso, incluindo a eleição sexual.

Philia e Eros não podem coabitar a não ser respeitando certas condições, como a proibição do incesto e do parricídio-filicídio, que constituem as interdições fundamentais.

Os tempos mudaram, mas essas premissas básicas continuam válidas, com seus alicerces inalterados. Esse tema dos novos territórios do grupo familiar é atravessado pelo estudo de diversas disciplinas e nele se perfilam amplas possibilidades de abordagem e reflexão. Nossa análise abrange elementos da psicoantropologia e da psicanálise, especificamente da T.F.A. (terapia familiar psicanalítica).

A família como instituição é uma conquista cultural, com

uma dimensão histórico-social, acompanhada de mudanças na área da legislação como a proteção aos filhos e ao grupo familiar como totalidade. Com o decorrer do tempo e o aumento das recomposições familiares, começou se a pensar as novas configurações vinculares, incluindo as famílias monoparentais, as adotivas e, recentemente, até as homoparentais. Na diversidade da parentalidade biológica e simbólica (envolvendo vínculos de aliança e filiação) tem ficado evidente a primazia da dimensão simbólica.

Os filhos naturais já não fazem parte dos "segredos de família", e passaram a usufruir dos mesmos direitos na jurisprudência. Na França, por exemplo, os grupos de homossexuais reivindicam uma definição legal no que se refere a filhos adotivos ou gerados por outros parceiros; depois de terem obtido inicialmente um contrato que institui uma série de direitos e obrigações (PAC), usufruem atualmente do casamento legal, já aceito numa série de países.

Historicamente, as varas de família, juizados de menores e defensoria pública foram surgindo como instâncias de proteção aos direitos do casal e dos filhos, ou seja, do grupo familiar. Como psicanalistas, o que nos interessa é escutar a fantasmática inconsciente dos sujeitos nos diversos espaços psíquicos e sua repercussão no trabalho clínico, favorecendo a diminuição do sofrimento e propiciando as transformações criativas dos vínculos.

Como unidade psicossocial, a família nuclear tem as seguintes funções:

a. procriação, perpetuação da espécie e organização da sexualidade, abrangendo a proteção e o desenvolvimento psicoafetivo;

b. transmissão de uma cultura e de um patrimônio material, assim como de valores simbólicos;

c. propiciar um espaço de construção do sentimento de pertencimento e identidade, incluindo a elaboração e transformação da transmissão psíquica geracional.

Dentro do contexto da terapia familiar psicanalítica e com base na experiência como psicanalista e terapeuta de família, assinalo algumas referências teórico-clínicas que nos possibilitam uma reflexão e escuta das diversas configurações de família e, particularmente, das novas formas de parentalidade.

A família é um grupo com características singulares, que abrange elementos vitais de continuidade e contiguidade espaço-temporal. Constitui o grupo primário por excelência, que sustenta a estruturação do psiquismo e a construção dos vínculos intersubjetivos. Nesse espaço circulam fantasias, afetos intensos, o mundo pulsional, mecanismos de defesa e processos de identificação, assim como os diversos pactos e alianças inconscientes já assinalados. Consideramos a atividade da fantasia inconsciente como um dos motores da psicodinâmica familiar expressada nos sonhos, nas produções gráficas, na livre associação dentro do espaço psicoterapêutico.

A palavra "vínculo" deriva do latim — *vinculum, vincire*; significa atar, unir. Nesse contexto, nos referimos aos laços afetivos e libidinais, que constituem o tecido geracional que conecta as pessoas, incluindo os elos simbióticos originais que persistem em cada membro do grupo e se referem a uma matriz vincular, que outorga uma segurança de base e possibilita a construção da subjetividade.

Como já vimos, um grupo familiar se constitui em várias etapas, desde o encontro do casal, fundado numa convivência imaginária, inconsciente, com uma dimensão idealizada, a uma inserção na trama social a partir dos diversos pactos de aliança.

Dentro das novas formas de agrupamento familiar podemos incluir as famílias reconstituídas, que incorporam filhos e parentes de casamentos anteriores. O conceito de vínculo é importante como parte das configurações familiares; além dos estabelecidos pelos respectivos cônjuges, perduram aqueles com as famílias de origem, seja através de filiação (eixo vertical) ou de relacionamentos gerados por diversas alianças (eixo horizontal). As famílias monoparentais — seja por divórcio, viuvez, migração (caso das famílias nordestinas migrantes, ou até as da ponte

Rio-São Paulo, por exemplo), ou pela simples opção de criar um filho sem parceiro —, por sua vez, condensam as funções paterno--maternas centradas em apenas uma das figuras parentais, em geral a mãe.

Podemos pensar na psicoterapia analítica vincular como uma metodologia de abordagem, na qual serão incluídas aquelas pessoas com vínculos significativos para a criança, adolescente ou adulto que solicita a consulta.

O conceito de vínculo é um valor chave, como é o caso do conceito de representação para o aparelho psíquico ou a noção de objeto para o mundo interno. O vínculo é um elo afetivo que liga os integrantes de um grupo de forma estável e duradoura, incluindo os espaços internos, que são ocupados por pessoas significativas afetivamente. O grupo familiar configura o complexo edipiano, sendo atravessado pelas diferenças de sexo e geracionais, importantes elementos organizadores na estruturação da subjetividade. Os vínculos intersubjetivos das famílias e casais asseguram o escoramento do narcisismo originário e dos ideais comuns, ao incluírem diversos enunciados e assinalarem as proibições fundamentais. O espaço intersubjetivo é estruturante da subjetividade de cada um, e promove a constituição das identificações.

Na estrutura vincular inconsciente, o valor dito "normalidade" está mais perto da exogamia, da diferenciação de sexos, do tabu do incesto e da função paterna como Lei, representando a interdição dentro de nossa cultura ocidental.

Na estrutura familiar, podemos falar das características do espaço intersubjetivo, no qual existem sujeitos reais em inter-relação. O sujeito nasce numa estrutura vincular sustentada pelo narcisismo, que tenta organizar um vínculo entre um eu despojado e um outro com a função protetora, a fim de resolver o desamparo originário.

Consideramos a função protetora parental como aquela que tem por tarefa subministrar significações e organizar o mundo semiótico, assim como definir uma temporalidade, se antecipando ao desejo do bebê de forma a provê-lo de um eu auxiliar capaz de ajudá-lo na empreitada de conferir sentido ao mundo que o rodeia. O excesso no exercício desta função cria uma potencialidade psicótica, ao longo do tempo ou na intensidade de uma crise, por conta do excesso de dependência que acarreta.

A transformação desse vínculo de dependência se articula com a dissolução, pelo menos parcial, do complexo de Édipo, que possibilita a passagem da endogamia à exogamia. O pertencimento a uma estrutura familiar obriga a criança a renunciar ao desejo de ser o único objeto da mirada parental e à onipotência do desejo.

Famílias recompostas

Observamos, às vezes, como um processo de divórcio ou separação mal elaborado deixa internamente ressentimentos e feridas em seus integrantes, ao nível do casal e/ ou dos filhos.

O processo de separação implica um trabalho psíquico específico de transformação do vínculo conjugal entre os parceiros, passando ao vínculo parental, que não é isento de dificuldades. Este processo exige um trabalho de discriminação e, de certa forma, um luto parcial, porque o objeto vai ficar presente, mas, por outro lado, deve ser criado um novo estilo de vínculo parental. Diversos aspectos precisam ser reelaborados, entre outros, as alianças e pactos inconscientes que estavam na base da formação do vínculo do casal.

Um elemento está presente em geral nessas famílias recompostas, ou nas composições monoparentais em particular: trata-se da ausência concreta de um dos componentes do casal original. A ausência, a separação, a desaparição, provoca uma problemática comum, mas não equivalente na dimensão da temporalidade interna da perda ou ruptura de vínculos por morte de um parceiro(a).

A perda significa algo mais radical e irreversível do que a ausência. O ausente pode voltar; um objeto perdido, no entanto, tem o sentido de "perda para sempre".

A questão da importância do "ausente" pode ser abordada pela clínica do luto; em relação à metapsicologia, inclui a reestruturação do aparelho psíquico na ausência do objeto e a importância do outro na totalidade psíquica.

A partir da prática clínica da T.F.A. (terapia familiar analítica), podemos analisar a importância de uma ausência parental ou a opacidade (dados confusos ou inexistentes) na história geracional em função dos sintomas de um membro do grupo mais profundamente afetado por essa ausência, vivenciada por ele como um vazio de significantes. No processo da T.F.A., a ausência de um dos membros nos fornece frequentemente dados importantes sobre lutos não expressados ou conteúdos psíquicos recalcados.

A ausência mobiliza afetos intensos e aspectos históricos inesperados, assim como a chegada de um membro não-habitual nas sessões — um tio ou avô (de comum acordo com o grupo) possibilita novas revelações de laços intrafamiliares e geracionais, colaborando para a revelação de enigmas e "segredos de família".

Na clínica da ausência observamos que esta se apresenta nas reestruturações familiares, com frequência, com sintomas diversos, como, por exemplo, os lutos não realizados nas famílias de origem. Nas situações conflituosas de divórcio e adoções, se faz presente a problemática da ausência vivenciada como abandono, como um sentimento de perda irreversível, tornando necessário discriminar no espaço intra e intersubjetivo a diferença qualitativa entre eles.

A família como objeto de estudo não se aproxima da imagem da família tradicional, não podendo ser reduzida a um organograma formal, ainda que sejam conhecidas as suas fronteiras, não tão visíveis como indicam os registros nas certidões de nascimento e casamento. Outras referências da psicanálise, a partir das quais o sujeito pode se construir no grupo familiar, apontam para o que Lacan denominou de complexos familiares, tais como o estádio do espelho, a questão edipiana, as pulsões e as fantasias, a castração simbólica, a sexualidade, as identificações, a metáfora paternal etc.

Ainda do ponto de vista psicanalítico, importa detectar no novo grupo familiar, em sua composição e função parental, quais são as condições de simbolização disponíveis para seus integrantes.

Os referenciais da escuta psicoterapêutica psicanalítica do casal e família

Nos últimos vinte e cinco anos obtivemos importantes avanços no desenvolvimento teórico-clínico da terapia psicanalítica da família e de casal, sendo significativa a contribuição teórica de René Kaës, a quem foram feitas diversas homenagens internacionais devido à importância e ressonância de sua obra no nível teórico e clínico da psicanálise.

A problemática da transmissão geracional, os pactos e alianças inconscientes e os sonhos como produção grupal são algumas das ferramentas teórico-clínicas que R. Kaës nos oferece, como substrato essencial para a escuta psicoterapêutica do casal e a família.

Não podemos deixar de mencionar outros psicanalistas que igualmente contribuem com sua produção teórica para alargar este importante campo da psicanálise, como Anzieu, Aulagnier, Abraham e Torok, Berenstein, Eiguer, Granjon, Ruffiot, Puget e Tisseron, entre outros.

Um grupo familiar ou um casal vem à consulta, muitas vezes, induzido por um terceiro, um educador, colega ou um médico próximo da família. Atualmente, além disso, existe uma difusão nos meios de comunicação da importância de uma consulta ou intervenção psicoterapêutica nos conflitos ou crises de vida do casal e da família.

Salientamos a importância das entrevistas prévias ao contrato psicoterapêutico, com o objetivo de definir as necessidades do paciente, buscando uma proposta comum, resultado de uma reflexão e não só consequência da indicação de um terceiro. Sempre aparece, na consulta, um "porta-voz" do conflito, com a expectativa de que o especialista compreenda: quem está "adoecido" ou é "problemático" no grupo familiar ou casal é, em geral, o "outro".

Em cada demanda o vínculo em sofrimento tem suas características específicas; há em comum, porém, no início das terapias, um registro do "excesso" nas modalidades do tipo sensorial e corporal, da ordem do "longe demais" dela ou dele, os outros são distantes, ou "próximos demais", "ele me afoga", "fico sem espaço"; expressões como "duro demais" ou "muito mole com os filhos", ou com a esposa, são exemplos de queixas vinculares que motivam uma consulta. Nossa vivência contratransferencial em cada situação nos informa também referências ao excesso ou falta de distância, sentimentos, tolerância à frustração, atitudes agressivas ou paradoxais.

Existe nessas famílias uma espécie de desarticulação dos eixos vinculares horizontais, no interior do grupo, ou no eixo vertical, genealógico, ou seja, apontando em geral uma transmissão psíquica geracional problemática. Quando refletimos sobre o motivo da demanda em nível latente, não é possível pensar em termos de uma lógica de causalidade, mas sempre em processos psíquicos ligados a acontecimentos da ordem da repetição que interferem na capacidade de transformação e simbolização, mostrando uma elaboração limitada dos conflitos do grupo familiar ou do casal.

O enquadre ou dispositivo da terapia familiar (psicanalítica) inclui normas verbais para desenvolver o processo que devem ser enunciadas desde o início do contrato. Esse tema será abordado no capítulo final.

O fato de seguir tais normas vinculadas à livre associação, tendo sido liberada a circulação da palavra, com inclusão de sonhos, nos permite observar a criatividade ou elementos de rigidez e controle nos diversos membros do grupo.

Nos casos de famílias com crianças, trabalhamos com materiais para desenho como livre expressão, ou massa de modelar, colagem etc. A firmeza e continuidade do enquadre possibilitam a este tornar-se depositário das diversas ansiedades dos participantes, que só podem ser interpretadas ou explicitadas na medida em que existem variantes no encontro.

Bleger (1966) apresentou um excelente trabalho sobre o enquadre do trabalho psicanalítico, assinalando que este não permite ambiguidades e sustenta o processo psicoterapêutico na compulsão de repetição, a partir da qual se projetam os diversos conflitos intra e intersubjetivos.

Muitas vezes, no início do tratamento, torna-se necessário voltar a lembrar as normas do contrato e fazer hipóteses-interpretações em torno da dificuldade em aceitá-las. A regra de sigilo e respeito ao que cada um pode e deseja expressar na sessão ajuda a ativar a livre associação em torno dessas referências dentro do grupo familiar.

A partir do dispositivo de trabalho já mencionado nesse "neogrupo" (Granjon, 1990) formado pelos terapeutas e a família é oferecido um espaço, com um enquadre de trabalho que possibilita a compreensão e a organização do discurso familiar de forma a tornar audíveis os discursos singulares e da intersubjetividade, na procura de sentido.

A acolhida, a contenção e retomada dos conflitos num outro espaço discursivo são autorizadas pela transferência, que possibilita a retradução e transformação dos fragmentos e de traços sem memória de histórias impensáveis. Isso envolve um trabalho associativo em grupo denominado "tecelagem grupal", conceito que desenvolvi em *O legado familiar* (Correa, 2000) a partir do qual os terapeutas podem acolher o material geracional depositado no enquadre psicoterapêutico e nos diversos vínculos que foram tecidos. Procura-se chegar a um trabalho de figuração que possibilite dar forma e corpo ao negativo da transmissão.

Os primeiros movimentos transferenciais se manifestam por uma importante dependência, a partir da qual se possibilita uma restauração do vínculo familiar narcisista. Esta âncora transferencial, vai por algum tempo dar "*holding*" ou apoio ao sofrimento psíquico do casal ou da família, abrindo um cenário para que possa ser elaborado e transformado o material genealógico que interfere na construção de uma nova história familiar.

TEMA 2 - A TRANSMISSÃO PSÍQUICA GERACIONAL

A transmissão psíquica geracional constitui um tema amplo e complexo, desenvolvido nos últimos 30 anos por diversos psicanalistas, que atravessa de forma recorrente toda a teoria e clínica psicanalítica, em particular a da família e do casal.

O espaço psíquico do grupo familiar é depositário de uma herança genealógica que constitui o berço de nossa subjetividade, a qual se processa no nível inconsciente.

Os processos de identificação como mecanismos, em suas diversas modalidades — especulares, adesivas, introjetivas e projetivas —, são apoiados no início de nossas primeiras experiências pelo contato visual e verbal com a mãe e o pai, num nível lúdico de sons, a partir das ecolalias, ecopraxias etc., que precedem a constituição da linguagem, via privilegiada da transmissão e transformação do material psíquico geracional. Para constituir um vínculo, tais identificações terão despertado e encontrado ressonâncias fantasmáticas, assim como um caminho de realização dos desejos e frustrações dos pais; esses processos são tão necessários quanto os pactos e alianças inconscientes, que, como eles, sustentam a transmissão psíquica entre as gerações.

"Cada sujeito chega ao mundo da vida psíquica precedido pela trama de alianças inconscientes previamente estabelecidas", afirma Kaës (2009). Uma aliança inconsciente, como formação psíquica intersubjetiva, é construída pelos integrantes do vínculo para reforçar, a partir de cada um, certos processos ou estruturas psíquicas das quais todos se beneficiam, de forma que essa aliança tem valor decisivo para sua vida psíquica, possibilitando uma troca afetiva e emocional complexa e intensa que sustenta diversos registros do desejo. Kaës (2009) assinala, ainda, que ela traz embutida uma dimensão de obrigação e assujeitamento, como no caso do contrato narcisista.

Essas alianças inconscientes têm também uma função repressora, e podemos perceber sua força no grupo familiar, nos casais e nas instituições. Sua função é organizadora do vínculo e também metadefensiva. Neste último caso, as funções são construídas sobre o recalque, a denegação ou a clivagem.

Etapas da transmissão psíquica geracional

A partir do momento do nascimento, a questão da transmissão psíquica genealógica se impõe ao sujeito de forma simultânea ao seu pertencimento a uma filiação. Aquilo que lhe é transmitido em suas diversas modalidades constitui, como assinalamos, um eixo central da tarefa do grupo familiar, assim como uma área específica da abordagem na terapia familiar analítica.

Dois períodos recorrentes da vida familiar são sensíveis a uma reacomodação das identificações e à emergência de traços de memória inconscientes de acontecimentos psíquicos que detêm um valor traumático na história familiar: a perinatalidade (etapa em torno do nascimento) e a adolescência. Nessas ocasiões ocorre um *"après-coup"* (*a posteriori*) organizador ou desorganizador, que modifica o equilíbrio dinâmico da grupalidade psíquica familiar. Observaremos uma articulação entre o trabalho psíquico solicitado pela perinatalidade e o trabalho subjetivo resultante da "perda" do lugar de filho (aspectos do narcisismo parental), atrelado em alguns casos ao desenvolvimento dos primeiros vínculos entre pais e bebê.

Os primeiros tempos da transmissão psíquica consistem da inscrição do recém-nascido na família, o que demanda a construção de uma matriz de representações, imagens, lembranças significativas — previamente filtradas ou censuradas —, que se apresentam de forma organizada. O que se transmite de um espaço psíquico a outro são basicamente configurações de objetos psíquicos (afetos, fantasias, representações) munidos de seus vínculos.

Alguns objetos dessa transmissão são marcados pelo negativo, aquilo que se transmite e que é ou não contido, o que foi esquecido — a doença, a vergonha, a falta, o recalcado —, objetos perdidos pelos quais ainda se está de luto. Essa configuração de objetos e seus vínculos intersubjetivos será transportada, projetada, desviada para o outro e "mais de um outro", como assinala Kaës (1998): "Esta é a essência da transmissão. Não é só o negativo que se transmite, mas também o que sustenta e assegura a continuidade narcisista, aquilo que mantém os vínculos intersubjetivos, como os ideais, os mecanismos de defesa, as identificações e pensamentos com suas certezas e dúvidas".

O duplo aspecto singular-plural do psiquismo no grupo familiar evoca sua complexidade e seu paradoxo. O pertencimento do sujeito a um grupo e seu simultâneo processo de individuação são aparentemente incompatíveis, porém indissociáveis — isto fica evidente, tanto na clínica como nas travessias da subjetivação.

O espaço psíquico comum do casal e do grupo familiar é delimitado pelo "envelope psíquico da essência genealógica" — segundo E. Granjon, esse espaço em evolução pode ser modificado pelos acontecimentos que o grupo atravessa, crises vitais tais como nascimentos, mortes, divórcios etc. Esse envoltório psíquico geracional possibilita trocas em diversos níveis, constituindo um reservatório ou depósito das fantasias do grupo como totalidade e de cada um de seus membros.

Podemos levantar a hipótese de que a aliança fundadora do casal e da família é selada pelos vínculos genealógicos que determinam, em diversos graus, a escolha inconsciente do parceiro, constituindo a pré-história de futuros vínculos. A transmissão psíquica geracional, entre gerações subsequentes ou atravessando várias ao longo do tempo, não é um processo passivo, ocorrendo na dinâmica relacional do cotidiano.

E o que é transmitido? Tudo aquilo que concerne às vivências psíquicas, imagens ou representações dos que nos precederam na ordem geracional. Algumas vivências foram aceitas, metabolizadas, (como mitos familiares ou representações socioculturais); outras permanecem proibidas ou encriptadas (o psiquismo de um membro da família é depositário de conteúdos psíquicos transmitidos de forma inconsciente). Lembremos os mitos do nascimento do herói, Édipo, Perseu, Moisés, todos com um começo de vida complexo, já desde o nascimento.

Acompanharemos mais adiante duas vinhetas clínicas envolvendo traumatismos que atravessam cada geração sem nenhuma representação, através da simbolização, por exemplo — vivências transmitidas e não metabolizadas por falta de condições para sua elaboração.

Modalidades da transmissão psíquica

Quais são as modalidades da transmissão geracional?

Por um lado, a dimensão sensório-afetiva-motora, com a inclusão de imagens ligadas a emoções de prazer, dor ou sofrimento ativadas no início da vida, no dia-a-dia da relação mãe--bebê. Outras formas de transmissão se vinculam a influências da linguagem oral, como na etapa pré-verbal, no primeiro período de comunicação, em forma de gritinhos, onomatopeias, suspiros e gestos trocados entre os pais e seu bebê. A partir dos diversos canais de comunicação, a nível verbal e não-verbal, podem aparecer discordâncias que levam a criança a erros de interpretação das diversas mensagens.

Dentre as modalidades de transmissão, achamos que algumas envolvem vivências que atravessam diversas gerações fazendo parte de um material psíquico que se encaixa no registro do "negativo", ou seja, aquilo que é recalcado; como num filme fotográfico, é o que permanece oculto, não revelado, um segredo inconsciente, sem possibilidades de transformação, que se caracteriza pelo vazio de representações. Sua transmissão psíquica intergeracional se desenvolve na maioria dos casos sem maiores conflitos, percorrendo o tecido relacional intragrupal das gerações mais próximas e participando da construção do depósito fantasmático "grupal--familiar".

Na transmissão do "negativo" geracional nos deparamos geralmente com a existência de alguma situação inconfessável, base de um acontecimento traumático, como um incesto, suicídios, filiações duvidosas ou segredos de família que perturbam o clima familiar. Em muitos casos não se trata somente do trauma objetivo, senão da impossibilidade ou limitação da introjeção harmoniosa de uma experiência difícil, por vezes ocorrida em outras gerações e que resulta "incorporada" ao psiquismo de um sujeito devido a uma introjeção fracassada.

No trabalho clínico, observamos que algumas dessas experiências traumáticas ficam vinculadas a diversas situações de violência de ordem sexual, como incesto e estupro, mortes violentas, como homicídios e genocídios (assim como um luto não elaborado), ou, ainda, segredos de filiação. Na atualidade, poderíamos apontar entre os segredos de filiação não só as adoções ou filhos do adultério, como também a doação anônima de esperma na inseminação artificial. Na França, por exemplo, existe uma associação de filhos à procura de seu "pai biológico".

Freud tratou da problemática da transmissão como uma questão contemporânea ao nascimento da psicanálise; em *Totem e Tabu* (1913), faz uma distinção entre a transmissão por identificação aos modelos parentais e a transmissão genérica, constituída por traços de memória localizados nas gerações precedentes. Em "Introdução ao Narcisismo" (1914), Freud destaca a designação de lugares e significantes no processo de transmissão, no qual "sua majestade o bebê" é o herdeiro dos sonhos e desejos não realizados dos pais. É o ponto crucial, a partir do qual o sujeito, no processo de subjetivação, deverá assumir seu lugar e se apropriar do sentido de seu próprio desejo em relação aos seus predecessores.

O vínculo de filiação envolve a relação de três gerações sucessivas reconhecidas como tais, com uma referência comum a um mito de origem. Nesta dupla condição, cada um pode se situar no conjunto familiar e se reconhecer como parte de uma geração, legitimando sua capacidade de procriar.

Segue-se uma breve referência aos processos nos quais observamos patologias que envolvem a transmissão psíquica geracional, e que seriam suscetíveis de comprometer os vínculos na perinatalidade, objeto do próximo capítulo:

a. falhas ou defeitos na estrutura dos escoramentos da vida pulsional, os quais não favorecem o estabelecimento de objetos internos confiáveis e estáveis;
b. formação limitada de identificações que comprometem os contratos narcisistas, como, por exemplo, relações mãe-filha conflituosas;
c. problemática dos processos de criação de representações que limitam a construção de sentido;
d. acontecimentos traumáticos nos quais se produz um ataque ao narcisismo, com um transbordamento da capacidade psíquica de elaborar situações e uma interferência na possibilidade de organizar representações e simbolizações do aparelho psíquico singular — pensamos nas questões de filiação, filhos com deficiências ou do adultério, por exemplo, nos quais o narcisismo ferido e os sentimentos de culpa se entrelaçam, ou casos da psicose materna como na história de Arnelle, relatado em *O Legado familiar* (Correa, 2000).

Lembramos que devemos considerar os vínculos de aliança, consanguinidade, de filiação e fraternos no grupo familiar, onde observamos uma série de funções específicas, como uma atribuição de lugares (desde antes do nascimento) e proteção contra as ansiedades básicas, assim como uma organização das significações da realidade psíquica e do mundo externo e articulações do intrassubjetivo, intersubjetivo e transubjetivo, criando uma espécie de mapa dos diversos vínculos.

Diversas contribuições para pesquisar a transmissão psíquica geracional

Caberia mencionar, em poucas linhas, a Escola de Budapeste, com as figuras marcantes de S. Ferenczi — traduzido para o francês por N. Abraham, a quem foi muito ligado — e Balint, sendo que o segundo retoma importantes conceitos do primeiro.

Na teoria da clínica psicanalítica encontramos, entre outros, os mecanismos de introjeção, incorporação e traumatismo presentes na construção da transmissão psíquica entre as gerações. Entre as principais questões que se levantaram na elaboração dessa teoria, ressaltamos os conceitos específicos da obra de Abraham e Torok, assinalando seu empenho em enunciar uma definição do mecanismo de incorporação e remeter ao processo de *introjeção* com o sentido que Ferenczi tinha lhe outorgado originalmente, resultando num deslocamento do interesse da dialética clássica projeção-introjeção para a relação introjeção-incorporação.

A introjeção, segundo Ferenczi, coloca o objeto e o analista (no caso) num papel de mediador em relação ao inconsciente, operando desta forma um movimento de ida e volta entre a dimensão narcisista e a do objeto. Sua característica é ser um processo com uma perspectiva temporal, contribuindo para o enriquecimento do eu. A incorporação é descrita por M. Torok como um mecanismo fantasmático, com as características de uma introjeção frustrada pela qual o objeto é incorporado no lugar do objeto perdido, que não contribui para uma ampliação do eu. Esse mecanismo está na origem de múltiplas repetições, agindo como desencadeador de um trabalho psíquico no qual o deslocamento é vinculado ao estado oral, já que o modelo de incorporação se origina na modalidade arcaica da ingestão.

Com essas referências teóricas podem ser analisados diversos casos clínicos. A identificação, sob esta perspectiva, estaria vinculada não somente a imagens idealizadas, como também a aspectos que seriam seus opostos. Assim, a censura familiar em torno de histórias inconfessáveis, como as de homicídio, incesto e violências diversas (na medida em que não podem passar à posteridade), acaba invadindo o psiquismo dos descendentes em forma de sintomas, com traços inscritos no corpo, expressados em somatizações ou delírios a partir do mecanismo inconsciente de incorporação mencionado.

Nos estudos de Abraham e Torok, o símbolo é considerado uma criação intersubjetiva da relação que possibilita transformá-lo em metáfora. Na origem das neuroses está o traumatismo, vinculado em Freud ao conceito do traumatismo sexual precoce (1895), que deixa uma marca ou traço com uma significação associada "*a posteriori*" no denominado "*après-coup*". Em 1926 adquire um papel mais genérico, articulado com a angústia.

Abraham e Torok salientam o nível de realidade na situação traumática além da dimensão fantasiada, e assinalam a força de outros traumatismos de ordem intergeracional desenvolvidos e sustentados na fantasmática familiar.

Os conceitos de Ferenczi, como introjeção, traumatismo e realidade, encontram um importante desenvolvimento na pesquisa e obra dos autores mencionados, em sua preocupação de se manterem atentos ao sofrimento psíquico, como o despertado pelas consequências traumáticas da Shoah, criando novas figuras da metapsicologia como a cripta e o fantasma. Em diversas ocasiões essa posição muito próxima à clínica (artigos de 1929-32) foi apontada como a razão que levou a Ferenczi à beira de uma ruptura com Freud (carta de Freud a Ferenczi em 18 de setembro 1931).

O psicanalista húngaro G. Vikar assinalou a falta de perspectiva de certos psicanalistas europeus e norte-americanos para reconhecer o real caráter traumático do holocausto, na medida em que não o consideraram como algo que ocorrera, mas sim como uma reedição de alguma situação traumática já conhecida no nível intrapsíquico e já pensada pela psicanálise, quando na realidade se tratava de um acontecimento difícil de se admitir e teorizar com os conceitos vigentes, acarretando uma denegação inicial por parte dos colegas. Posteriormente foi considerada a necessidade de uma abordagem transdisciplinar dessa problemática, discutindo--se a inquietação provocada pelo risco de apagamento dos traços dos genocídios na história social, grupal e comunitária. Apagar essa memória seria algo grave, já que ela envolve a história de uma comunidade com filiações e genealogias, uma experiência traumática que demonstra a importante interface entre o individual e o coletivo, tal como o caso da violência das ditaduras na Argentina e no Brasil, mais recentemente na Bósnia Herzegovina e atualmente na Síria.

Mais adiante desenvolveremos os efeitos diversos dos genocídios sob a perspectiva da clínica psicanalítica, ficando evidente a importância dos estados de luto não elaborados para o sujeito, com interferências no grupo familiar — assinalando a necessidade de uma atitude mais presente do analista ao considerar a importância da dimensão do "não falado" em várias gerações, assim como os pactos denegativos intra e intersubjetivos, para evitar a dor e a lembrança das humilhações sofridas.

Por ocasião de um Colóquio em Paris, ao referir-se aos trabalhos de Abraham e Torok (2001), um colega assinalou suas consequências a nível semântico narrando o processo de análise de um menino, no qual não tinha ficado claro inicialmente para o analista o motivo de uma frase repetida: a criança reiterava que não queria "ir à ducha" em momentos inusitados, até ficar esclarecido no processo de análise que se tratava de um dos efeitos da transmissão psíquica geracional vinculada à experiência dos avós falecidos em Auschwitz, da qual pouco ou nada se tinha falado no grupo familiar. Este é também um exemplo do sentido de "cripta" no processo da transmissão, um mecanismo de introjeção fracassado, conforme já mencionado.

Essas questões nos levam a refletir sobre as consequências psíquicas das situações traumáticas reais, que não tendo sido reconhecidas pela sociedade como tendo ocorrido em instituições como a família, ainda assim têm contribuído para a formação de criptas no sujeito, na medida em que exigem na transmissão um "não mencionar" certos fatos que acabam se tornando "impensáveis" — como o caso da dúvida que subjazia na Europa sobre a real existência dos fornos crematórios de Hitler, ou dos desaparecidos na época da repressão da ditadura na Argentina, onde o governo oficial alegava a falta de veracidade dos desaparecimentos e mortes como se se tratasse de rumores infundados, desqualificando um fato real.

Quando for desenvolvido o tema da violência social ficará mais evidente que a denegação do traumatismo pela família e/ ou comunidade é tão violenta quanto a situação traumática em si.

Uma técnica de mediação para pesquisar a transmissão geracional

Uma das ferramentas que utilizamos com frequência para aprofundar aspectos da transmissão psíquica geracional é o genograma, que consiste numa representação gráfica da linhagem materno-paterna e colaterais com base na qual se trabalha progressivamente em diferentes etapas do processo psicoterapêutico. O espaçograma é o desenho da casa da família, que descreve os movimentos internos de proximidade ou distância dos conflitos na representação interna das configurações familiares, além de transmitir a imagem do "corpo familiar".

Na pesquisa em torno dos aspectos patológicos na transmissão psíquica, recorremos à árvore genealógica como elemento de "mediação" dentro do espaço terapêutico, e como produção grupal dos membros a partir de lembranças, sonhos e associações.

Na terapia familiar psicanalítica esse genograma tem uma dupla função: a de espaço projetivo e a de representação dos diversos aspectos do "corpo-grupal" familiar interiorizado, e também do material inconsciente despertado a partir da livre associação no decorrer das sessões.

No processo de formação em psicoterapia psicanalítica de casal e família está prevista a construção do genograma pessoal do profissional, situação opcional dentro de um reduzido contexto grupal com colegas, assumindo-se sempre o compromisso de sigilo. Não são permitidas interpretações, apenas comentários por parte de cada participante, já que a experiência pessoal da confecção desse instrumento é importante no processo de formação. Temos pesquisado no uso desse instrumento diversos aspectos que visam obter uma informação dinâmica, complementar aos elos geracionais, estimulando a capacidade associativa dos diversos membros de um grupo familiar, assim como uma melhor compreensão dos processos interfantasmáticos — capacidade de gerar fantasias em ressonância com o outro — no contexto da construção conjunta do novo grupo (neogrupo, Granjon) constituído de terapeuta e família. As bases desse trabalho com técnicas de mediação serão desenvolvidas num capítulo posterior.

Nos grupos de formação de profissionais interessados em T.F.A. são considerados na discussão do material clínico também os aspectos da contratransferência, derivados da mobilização dos elos geracionais dos próprios psicoterapeutas.

Essa produção gráfica coletiva do grupo familiar poderá ocupar um lugar importante no processo terapêutico na medida em que nesse novo grupo se consegue tecer um envelope de contenção e segurança, permitindo que seus membros se exponham e compartilhem, no espaço terapêutico, a representação, entre outros, de um eu ideal grupal.

O genograma pode ser considerado como um objeto "interface", que possui a singularidade de pertencer ao dispositivo psicoterapêutico e ao *setting* no qual se acolhem as regras da família, ao mesmo tempo fazendo parte do processo na medida em que a representação gráfica é solicitada em momentos específicos, podendo desencadear efeitos diversos no material de elaboração ou levar a momentos regressivos que possibilitem reatar a trama geracional defeituosa do grupo familiar em terapia familiar analítica.

Em todo caso, lembramos que sob a perspectiva genealógica não existe uma relação de causa e efeito, como aconteceria numa epistemologia linear; ao contrário, observamos sempre uma complexidade dinâmica de diversos fatores. Podemos trabalhar com a hipótese de uma causalidade circular, que atinge os diversos níveis da tecelagem grupal genealógica e atravessa a construção da subjetividade de todos os membros do grupo familiar.

Na psicanálise, a pesquisa sobre a transmissão da vida psíquica levanta um conjunto de questões que vai além da diferença entre as gerações, envolvendo a problemática do incesto e as categorias da interdição, incluindo o recalque dos desejos edipianos e também da culpabilidade.

Esse conceito de vínculo inter e transgeracional descreve, segundo Kaës (1993), os princípios e modalidades de transmissão da vida e da morte psíquica entre as gerações e através delas — dois tipos de transmissão tão interligados, que são designados ultimamente apenas como "geracionais", sem fazer distinções.

Tema 3 - Travessias da Perinatalidade

A criança, desde sua concepção, é precedida por uma *"rêverie"* ou devaneio materno, antecipando um discurso e uma designação dos lugares que a precedem.

O lugar a ser ocupado pelo recém-nascido é, desta forma, definido a partir de um discurso familiar, aquele da "sombra falada" e dos sonhos parentais. Esta noção, introduzida por Aulagnier (1975), está ligada ao conceito de violência primária, que, diferentemente da secundária, é necessária, para possibilitar o ingresso do sujeito na ordem simbólica.

Acontecimentos de toda ordem, ocorridos desde o período pré-natal — inclusive o desejo de um filho — até o primeiro ano de vida de uma criança, fazem parte de um período de transição que tem como referência uma temporalidade relativa, denominado "perinatalidade".

Na clínica da perinatalidade, observamos que a chegada de um bebê é um acontecimento que desencadeia uma série de emoções, rememorações, além de mobilizar o processo de transmissão psíquica geracional. O encontro com o recém-nascido ocasiona uma reacomodação e desacomodação do narcisismo familiar.[2] Uma permutação de posições ocorre no tecido genealógico, sendo seu aspecto mais simples e evidente a saída da condição de filho/ filha para assumir a função parental, o que nos leva a refletir sobre uma questão fundamental do sujeito e do grupo familiar, envolvendo o

---

2. FREUD, S. (1914) "Introdução ao narcisismo".

mito das origens e o narcisismo geracional em torno de um contrato de continuidade já assinalado, assim como um pacto de aliança.

Outro aspecto a se considerar nesse período é a expressão
de conflitos no espaço somático, já que o corpo se transforma em
depositário de conteúdos psíquicos que não podem ser representados ou simbolizados, ocasionados também pelo sofrimento psíquico.

A criança, desde sua vinda ao mundo, é solicitada a dar
continuidade aos enunciados dos ancestrais, assegurando assim a
continuidade geracional, a identidade familiar e seu lugar na cadeia geracional (lembramos aqui o conceito de pacto narcisista de
P. Aulagnier); deverá compartilhar e aceitar tais enunciados, por
vezes ao custo de sua integridade psíquica e também somática,
já que estes podem contradizer suas próprias percepções internas
e externas. Se, por diversos elementos da história e fantasmática
do casal, a chegada de um filho compromete a identidade familiar ou mitos elaborados desde os ancestrais, uma das soluções de
compromisso poderá ser a infertilidade psicógena, definida como
enigmática num trabalho que apresentei em 2006[3] e que desen-
volvo no próximo capítulo.

Observemos agora uma vinheta clínica ilustrando como
opera, na transmissão psíquica geracional, a força da representação
inconsciente no processo da travessia do desejo de parentalidade,
vinculada a uma superposição vida-morte. Veremos uma confusão
temporal na representação de um nascimento na família com o
pré-anúncio de morte catastrófica de algum outro membro próximo, situação que se repete no decorrer de três gerações. Ficou
esclarecido no tratamento psicoterapêutico o quanto essa fantasia
interferia, inconscientemente, na realização do desejo de maternidade, junto a dificuldades de identificação com a figura materna,
também envolvida em um luto patogênico.

---

3 RUIZ CORREA, Olga. Infertilidade Enigmática. In: *Atas do Congresso 2006,*
da AIPCF - Montreal.

Vinheta clínica

Célia e seu marido relatam os quatro anos passados em frustradas tentativas de engravidar, antes de procurarem ajuda psicoterapêutica devido ao clima de tensão entre os dois. Solicitaram a consulta por recomendação de sua médica clínica, que considera o caso deles uma infertilidade de ordem psicógena. Em seu histórico de vida encontramos semelhanças com outra vinheta clínica sucinta. Célia relembra a morte de uma irmã três anos mais nova. Viajava, aos oito anos de idade, com os pais e a irmã Elsa, então com cinco anos, para assistir ao parto de uma tia materna no interior do Estado do Rio, quando sofreram um acidente de carro na estrada. Elsa faleceu de politraumatismo, enquanto os pais e Célia tiveram contusões menos graves. A mãe, em seu desespero, repetia a frase "um que chega outro que vai", e, mais tarde, Célia vem a conhecer a história de sua bisavó, que falecera de gripe espanhola num navio, quando viajava do Rio para a Bahia para acompanhar o parto de sua neta (a mãe de Célia). A frase tinha sido cunhada, aparentemente, por sua avó.

Não é a memória ou o conhecimento de uma frase que importa em especial, mas o sentido ou a falta de sentido que adquire no inconsciente de cada um. Sua mãe permaneceu de luto por muito tempo, e seu relacionamento com Célia se alterou radicalmente. Green (1983) descreve a figura da "mãe morta", que no vínculo com sua filha nem é má, nem indiferente, mas uma figura ausente, e isso é transmitido de forma inconsciente em diversas mensagens enviadas ao bebê.

Seu pai, que era a figura mais próxima a ela, justificava a atitude de sua mulher explicando que continuava triste por não conseguir engravidar para "preencher o vazio".

Célia repetia com frequência, a propósito de suas associações, que tinha a sensação de "não existir para sua mãe", narrando que muitas vezes tinha tido pesadelos onde sua irmãzinha aparecia reclamando com ela. Em um de seus artigos,[4] Kaës salienta em que

4. KAËS, R. Um pacto de resistência intergeracional ao luto. In: *Revista Pulsio-*

medida a imago do irmão morto sustenta no sobrevivente uma fantasmática de onipotência e vitória sobre o rival, com a forte culpa derivada dessa situação fantasiada.

Célia considerava suas tentativas de engravidar por inseminação artificial e o sofrimento decorrente das manipulações de dosagem hormonal, que lhe faziam mal, como uma provação que tinha que suportar, associada a uma dívida de culpa por pagar com o desaparecimento de Elsa. Tinha imaginado até mesmo dar este nome a uma filha, caso engravidasse. Sua relação ambivalente com a figura materna fazia com que temesse a morte de sua mãe coincidindo com o nascimento de seu filho (isso ficou evidente num sonho).

Esta angústia tinha provocado um conflito entre o casal, e seu marido Bruno começara a renunciar ao seu desejo de um filho na medida em que sua mulher sofria demais com as tentativas de inseminação artificial, trazendo ambos a uma consulta conjunta, onde ficaram também evidentes os temores de Bruno quanto a ocupar o lugar de pai, em função das dificuldades que tinha tido com o seu próprio. Além de ser violento com os filhos, seu pai se ausentava com muita frequência, e Bruno, inconscientemente, se identifica com ele, temendo ser um "pai ruim".

A conjunção de experiências traumáticas na história pessoal de casais com esse tipo de problemática da ordem da esterilidade psicógena nos alerta a considerar, especialmente, aspectos da história geracional referentes ao próprio processo de filiação de ambos os pais, que, certamente, se mantêm presentes nos vínculos precoces pais-bebê.

Ainda na área da perinatalidade, a psicanálise pesquisa a eventual potencialidade traumática do nascimento de um filho para o grupo familiar e para o sujeito do grupo. Freud assinalou a força das metamorfoses que reorganizam o eu parental, e hoje agregamos o aparelho psíquico familiar que faz deste período um organizador (no sentido de Spitz e Kaës) dos espaços intra e interpsíquicos. Isto significa que um movimento inconsciente de projeções, identificações e contraidentificações se ativam em representações, traduzidas nos comentários de "quem é parecido com quem", ou bem, finalmente pode acontecer que o recém--nascido não tenha semelhança com ninguém, como se não tivesse inserção na trama geracional.

O nascimento de uma criança com alguma limitação, seja de ordem neurológica ou de qualquer outro nível, desperta uma espécie de sideração psíquica ou ferida narcisista, que pode interferir seriamente no processamento dos vínculos familiares, especialmente no vínculo mãe-filho.

Consideramos pertinente lembrar aqui o conceito de apoio ou escoramento (*Anlehnung*), criado por Freud (1905), trabalhado por Laplanche e Pontalis e retomado por Kaës (1984) que, com uma dimensão de abrangência importante para nosso trabalho teórico-clínico, amplia o conceito de duplo limite proporcionado pelas realidades corporal e cultural sobre as quais se apoiam as formações e os processos da realidade psíquica, divididos em ruptura e apoio, modelo e derivado. O psiquismo é sustentado por múltiplos apoios ou escoramentos, e a falta destes dá lugar a diferentes situações de crise.

Sob esta perspectiva — a chegada de um filho incapacitado, por exemplo, assim como em outras situações — o psiquismo parental pode entrar em crise porque as identificações, representações, a relação de objeto e também o narcisismo ficam colapsados enquanto não se faz um trabalho de metabolização e de elaboração.

O movimento de reconhecimento e pertencimento a um grupo familiar (filiação) é de enorme importância, e nos leva a considerar os efeitos perturbadores que se impõem como herança psíquica, em particular nas situações da gestação e parto. Alguns aspectos da gravidez de risco são desenvolvidos no tema referente à infertilidade enigmática.

Existem dois momentos fundamentais no ciclo vital da subjetividade, a perinatalidade e a adolescência, quando se reacomodam as identificações da história familiar e se reatualizam traços da memória inconsciente, de acontecimentos psíquicos com valor traumático de intensidades diversas na transmissão psíquica geracional.

Um bebê não existe sem uma mãe ou uma família, real ou fantasiada, e pode acontecer que a caixa de Pandora seja aberta na ocasião de seu nascimento. A experiência inicial de se fundar uma família promove uma travessia interna na qual é preciso, de forma figurada, tornar-se o próprio pai ou mãe interno, de forma a gerenciar as próprias angústias inconscientes. O envoltório afetivo-materno ("eu-pele", conceito de Anzieu) ou a capa protetora do grupo familiar, denominado por Bion (1965) "função alfa", tem uma dupla função ao proteger a criança nas seguintes situações:

1. vivências depressivas e de ataques diversos com os quais é confrontada, seja como proteção corporal ou psíquica; consideremos como exemplo as vivências primitivas persecutórias ligadas a uma angústia de sufocação (mãe próxima demais) ou de abandono (mãe muito distante);
2. a mãe procura transformar em *rêverie* ou devaneio as sensações e emoções que o neném não consegue integrar; as canções de ninar, as formas de pegá-lo no colo e alimentá-lo, assim como as palavras e sorrisos são maneiras de significar diversas experiências; o ritmo de cuidados como aproximação e distanciamento configuram também essa capa de proteção.

O envoltório de devaneio e proteção se forma em torno do bebê para possibilitar, futuramente, que ele próprio possa progressivamente integrar seu universo de pensamento e devaneios, ou seja, aquilo que constitui seu berço psíquico. Em outra etapa, essa ilusão, necessária nos primeiros tempos da vida, deverá reduzir-se para que ele entre em contato com a realidade, ganhando em autonomia e introjetando, incorporando em si mesmo o envoltório de proteção materno inicial.

Uma criança que não realizou esse trabalho psíquico por falta de acompanhamento do entorno parental, da mãe em particular, fica exageradamente preocupada com angústias de morte; permanece, sobretudo, em um vínculo de sobrevivência mais que de vida, vindo a apresentar posteriormente, já como adulta, o que Darchis e Decherf (2000) denominam "parentalidade confusa". Esta denominação se refere a uma falta de discriminação entre as vivências internas da parentalidade (o bebê, na representação dos pais) e os aspectos externos, como, por exemplo, as necessidades da criança real.

Em resumo, alguns pais não conseguem colocar em palavras, nem em representações ou imagens, a violência que possam ter sofrido, e precisam expressar isso de alguma forma (no contato com o filho) para manter um vínculo inconsciente com seus próprios pais. Procuram, portanto, de forma inconsciente, utilizar seu próprio corpo ou o da criança para exteriorizar o sofrimento vivenciado em sua história pessoal — um claro exemplo que nos permite compreender em que medida certas formações e processos da realidade psíquica têm uma estrutura grupal e são atravessados pela dimensão do geracional.

Nos processos de parentalidade não conflituosa, observamos um movimento de identificações que possibilita o encontro com a criança protegida que cada um internalizou ou incorporou na sua própria infância, o que permite o cuidado amoroso do bebê.

Dupla mãe-bebê

As grávidas, em sua experiência fusional com o bebê e nas fronteiras corporais mal delimitadas, manifestam um eu flutuante próximo do psiquismo primitivo, indiscriminado. Reatualizam com o bebê, no nível inconsciente, o antigo desejo de unidade completa com sua mãe, o que foi denominado por Bleger (1975) "simbiose" — uma estrutura de base do psiquismo na qual não existe discriminação entre corpo e espaço, entre um eu e o outro.

Kaës (1993) fez referência a uma rede de apoios do psiquismo, e se essa tecelagem grupal tiver sido "suficientemente boa" (como a mãe descrita por Winnicott, 1957), consegue promover uma proteção interna com a retomada do material infantil, possibilitando os processos identificatórios com os pais. Da mesma forma, o futuro pai/ mãe precisa, por sua vez revivenciar a contenção e o aconchego recebidos na infância para abrir um espaço ao filho e, simultaneamente, ocupar seu lugar parental — a já descrita permutação de posições no processo geracional presente na articulação com o contrato narcisista de Aulagnier (1975).

Passamos a analisar as pautas básicas do mesmo. Esse contrato é uma figura complexa, traduzida em diversas alianças que estruturam o psiquismo no nível inconsciente. Aulagnier considera as premissas inauguradas por Freud (1914), as quais assinalam que "o sujeito se percebe a si próprio como seu próprio fim e, ao mesmo tempo, como um elo, servidor e beneficiário do conjunto do qual faz parte" (grupo familiar, cultura e destaca certos aspectos desse contrato como parte do fundamento que possibilita toda relação sujeito-sociedade ou indivíduo-grupo); assim, sustenta um discurso singular e, ao mesmo tempo, assinala a referência de pertencimento a um grupo e a uma cultura.

Esse contrato assimétrico antecede o sujeito e lhe atribui um lugar determinado oferecido pelo grupo, validado pelo conjunto de vozes que precede o recém-nascido e articula um discurso ligado ao mito fundador do grupo. Em cada família, como consequência, esse pacto ou contrato terá um nível universal e outro particular.

O casal, nessa etapa de formação dos primeiros vínculos com seu bebê, participa de um novo momento de diferenciação com os respectivos pais (outro terá acontecido na adolescência do casal parental) e procura construir sua própria identidade individual como pai e mãe, introjetando, assim, a função parental. O nascimento é um momento de reorganização da constelação intrafamiliar e geracional, um evento de nomeação simbólica das novas posições. Algumas culturas africanas consideram a importância dessa reacomodação de gerações durante o processo da gravidez, e acreditam na presença de ancestrais próximos à mãe.

É possível uma escuta psicanalítica para elaborar e dar sentido ao que está sendo vivenciado pela mãe — em alguns casos, angústias catastróficas ancestrais estão em transformação no ventre materno. Isso é facilitado na reflexão grupal trabalhando-se as fantasias de cada um, nos grupos de grávidas ou na terapia de casal. Caso o passado dos pais esteja povoado de traumatismos não elaborados ou feridas psíquicas não fechadas, o reencontro a nível inconsciente com os vínculos parentais de outras gerações tornará mais difícil assumir a função parental, ou seja, autorizar-se na função paterna ou materna.

Dificuldades na parentalidade

A reorganização psíquica necessária para a transformação de um filho/ filha em pai/ mãe pode se instalar, em alguns casos, de forma defensiva. Isso se manifesta por uma recusa ou evitação da parentalidade, sendo traduzido ao nível do corpo por abortos provocados ou "acidentais". Também registramos essa dificuldade na esterilidade psicógena, na maternidade tardia ou na denegação da gravidez. Observa-se um retorno inconsciente aos pontos de fixação do traumatismo com o risco da repetição.

Decherf e Darchis (1999) têm trabalhado, como já foi mencionado, em torno da síndrome de parentalidade confusa, que apresenta aspectos conflituosos e é traduzida numa série de sintomas vinculados a diversas situações dúbias de agressão aos filhos pequenos — acidentes repetidos e indução a intervenções cirúrgicas de diversas ordens sem real necessidade, por exemplo, assinalam que os pediatras podem ser envolvidos nesses eventos.

Os contos de fadas e lendas, assim como a literatura em geral, apontam para as desgraças do herói — uma criança de vida difícil, sofrendo interferências do destino ou de personagens malignas (destinos de "Cinderela" ou "Branca de Neve"). Esses contos, onde os filhos acabam como vítimas dos erros ou abandonos perpetrados pelos pais no passado — como em "Hansel e Gretel", em que os irmãos são abandonados pelos pais na floresta e devem sobreviver sozinhos —, são fontes importantes de identificação para as crianças, que solicitam dos pais uma reiterada repetição da narrativa, com as mesmas palavras e ritmos, para acalmar ansiedades contidas nos processos de identificação com os personagens das histórias e aliviar seu medo do abandono.

O tempo de reacomodação psíquica exigido pela função parental coincide com o período de gravidez do casal, no qual se abre um espaço para aninhar o bebê a caminho. É muito importante criar um *"nesting"* (ninho) que sustente os primeiros laços com o bebê, desde o espaço interno ao vincular. Tomamos como exemplo as reformas e transformações do lar por ocasião da chegada de um bebê, definindo um quarto especial para receber o novo membro da família, que desta forma é logo integrado, ou, pelo contrário, sem ter um lugar definido irá se mudando de um lugar para outro ou ficará num canto qualquer da casa.

O movimento de alguns casais que se dirigem para a adoção merece uma especial atenção; aqui menciono apenas as dificuldades intersubjetivas diversas para o investimento da função paterna. São conhecidos os casos nos quais logo depois de uma adoção a gravidez acontece, como se tivesse sido legitimada por fantasmáticas diversas, a sua possibilidade de cuidar, diminuindo assim os temores já mencionados em relação à mudança de papeis. Às vezes, as famílias adotivas apresentam problemáticas complexas, que demandam uma retomada dos vínculos de origem e precisam de uma contenção especial para reconstruir uma filiação fantasmática adotiva que acaba apresentando falhas.

Encontro pais-bebê (filiação)

Quando os pais são interrogados a respeito do período de gestação e parto, às vezes afirmam coisas do tipo "não percebemos o tempo passar" ou "aconteceu sem que nos déssemos conta", sem claras lembranças desse período; tais reações apontam, em geral, condutas defensivas.

Podemos imaginar o estágio inicial de adoção de um bebê, que é percebido através do paradoxo do estrangeiro e próximo, do desconhecido e familiar. O vínculo de filiação se estabelece em diversas etapas.

A *filiação* foi assinalada como um fato singular, único, ainda que seja definido em vários registros:

1. **a filiação biológica** tem sido denominada "vínculo de sangue" e outorga ao bebê um duplo patrimônio genético; a mitologia social "*jus sanguinis*" o considera como sendo o vínculo fundador da filiação, dimensão que tem desencadeado diversos conflitos, pela confusão de registros a nível afetivo;

2. **a filiação jurídica** é uma filiação simbólica, que insere a criança na corrente geracional e a inscreve num regime de parentesco e de pertencimento social na medida em que lhe outorga um nome; trata-se de um pertencimento definido pelo direito, e de certa forma fica instituído que quem outorga o nome não é só aquele que dá a vida, mas quem a transmite, o que faz referência a uma inscrição fundamental na linguagem e na cultura;

3. **a filiação psíquica** pode ser definida, como propõe Guyotat (1980) como aquela pela qual um indivíduo se situa e é situado no grupo ao qual pertence em relação aos seus ascendentes e descendentes, sejam estes reais ou imaginários.

Kaës (1993) assinala que "o processo de filiação implica uma relação com pelo menos três gerações sucessivas, reconhecidas como tais, e com uma referência comum a um mito de origem. Nesta dupla condição, cada um pode se situar num conjunto de sujeitos e se reconhecer como tendo sido engendrado e como capaz de engendrar."

Quando a diferenciação entre as gerações não consegue ser realizada devido a uma falha na instalação da parentalidade, isso pode se traduzir de formas diversas:

a. o vínculo de filiação não chega a se estabelecer e a criança fica alheia ao interesse dos pais, seja porque provoca pânico ou temor, podendo se transformar em objeto perseguidor — "não é meu filho" (especialmente com bebês com diversos problemas); "ele foi trocado" (porque se transforma numa sorte de anjinho sem filiação); "meu bebê me deixa confusa" (um tipo de expressão nos casos de psicose puerperal) — são situações extremas, nas quais é importante o acompanhamento psicoterapêutico urgente;

b. o vínculo se estabelece numa fusão do tipo adesivo, como um vínculo aglutinado ou indiscriminado (Bleger, 1975) — os pais não reconhecem a existência separada do bebê, é observável uma confusão entre o bebê interno dos pais e o bebê real, sem distância ou discriminação; a mãe, por exemplo, comenta que seu neném "chora desde o primeiro dia com medo de que eu o abandone".

Em alguns casos, na relação mãe-bebê não existe lugar para um terceiro, por exemplo, o pai, como representante da lei. Acontecem também crises de não reconhecimento do parceiro afetivo-sexual, de certa maneira excluído, sendo ambos inconscientemente corresponsáveis pela exclusão.

Numa outra etapa do encontro com o bebê aparecem tentativas de adaptação: a mãe se mostra disponível, mas muitas vezes não consegue dar conta das diversas exigências do recém-nascido, ficando no "baby blues", um estado depressivo, e podendo concluir que não consegue "fazer nada". Estados de cansaço e ansiedade são frequentes, e dentro de certos limites não necessariamente patológicos, por conta das reacomodações intra e intersubjetivas, além das exigências concretas de cuidado do novo membro do grupo familiar. Às vezes essa nova etapa desencadeia crises no casal, que podem ser situacionais ou motivo de consulta.

Os movimentos do encontro mãe-bebê, podem se inclinar para o lado depressivo quando aparece uma grande insegurança nas identificações; a mãe chega a se desvalorizar e vivenciar a si mesma como uma mãe ruim, podendo ser um dos sintomas da depressão pós-parto.

Finalmente acontece que o vínculo pais-bebê se ajusta progressivamente, de uma maneira adaptada. Na maioria das vezes, ocorre uma renúncia à exigência de ser uma mãe perfeita; quando apoiada pelo parceiro, realizam juntos os investimentos recíprocos mãe-pai-bebê na medida em que se ajustam os ritmos e expectativas de cada um.

Como assinalamos, a presença do recém-nascido produz no adulto uma variedade infinita de emoções, pensamentos e identificações, em alguns casos até o sentimento de inquietante estrangeiridade. Todos os mitos do nascimento do herói colocam em cena um cenário intrincado, onde o inédito é a norma.

Temporalidade

A chegada do bebê mobiliza a grupalidade familiar e o psiquismo de cada um, e, além disso, a **temporalidade atual**, envolvendo um conglomerado de situações, desde a combinação genética na concepção até os acontecimentos diversos que acompanham a gravidez e o parto, sendo um momento propício para o retorno do reprimido ou denegado. A vinheta já apresentada esclarece essa dimensão através da superposição dos acontecimentos de vida e morte (Guyotat, 1980).

O resultado dessa combinação de fatores está ligado ao acaso, ao aleatório e não previsível, e é importante no que se refere à qualidade vincular do bebê e seus pais que se estabelece no período perinatal, tornando-se fonte de confiança ou de ansiedade em função da relação dos pais com os aspectos infantil e geracional de suas linhas de origem.

Consideramos a função parental como aquela que provê proteção à criança, além de conferir significações, organizar o mundo semiótico e pulsional e articular uma temporalidade, se antecipando ao desejo do bebê de forma a provê-lo de um ego auxiliar, capaz de dar sentido ao mundo que descobre progressivamente. O excesso no exercício dessa função de antecipação, por parte dos pais ou de um deles, pode criar na criança uma potencialidade psicótica.

Quanto à cronologia que marca esse vínculo precoce, trata-se, como assinalamos, de uma temporalidade centrada no momento presente, na qual se impõe o imprevisível sobre o programado. Nessa fase especial se reativa o infantil dos pais, o que nem sempre é encarado como uma necessidade de cuidados especiais, para a mãe em particular, que procura proteção, satisfação de desejos, especialmente os alimentares, afetivos etc. A disponibilidade e atitude do parceiro são muito importantes em termos de acolhida solidária dos sentimentos que ambos experimentam.

Vinheta clínica

Mariela é uma primeira filha muito desejada. Sua mãe, Ana, teve problemas para engravidar, e a menina nasce de parto prematuro, com 27 semanas, sendo colocada em incubadora. Os pais ficam muito ansiosos devido ao seu tamanho e fragilidade, fruto da sua prematuridade; têm dificuldades para ficar perto dela e também para aceitar sua própria desproteção perante o inesperado (apontam o berço vazio). Também parecem estar despossuídos de sua função parental.

O pai apresentou um forte estado gripal, e por isso não consegue, no quarto dia após o nascimento, acompanhar a filhinha e sua esposa na clínica. Cooperava diariamente trasladando a outro centro médico o leite materno para um processo de pasteurização, função que passou a ser desempenhada por sua mãe, sogra de Ana.

Antônio associou esse contratempo, posteriormente, ao fato de ter ficado mais uma vez dependente da sua mãe, situação que o irrita e deprime.

Ana, por sua vez, expressa sua angústia com a ausência da filha no berço, situação que provoca um sentimento de desamparo e impotência, compartilhado pelo marido num intenso sentimento de identificação. Sua mãe não tem comparecido para conhecer a neta, se queixa Ana, comentando que "desde sempre" tiveram problemas de relacionamento.

Os pais temem pegar o bebê no colo. Ambos sofrem de condutas regressivas, que é preciso acolher para possibilitar sua transformação, para que possam cuidar da filha estabelecendo vínculos precoces mais integrados. Neste caso, como em outros, o infantil dos pais (vivências traumáticas precoces) se reapresenta na temporalidade atual.

Podemos considerar neste caso uma primeira forma identificatória de encontro, denominada "sofrimento existencial", que não precisa necessariamente ser considerada traumática, na medida em que os pais, apesar da situação inesperada (prematuridade), usam seus recursos psíquicos, com uma ajuda pontual dos parentes e da terapeuta, para fazer dessa realidade potencialmente traumática um desafio de crescimento, que virá a acrescentar, finalmente, uma qualidade especial de cuidado a estes primeiros vínculos.

Consideramos a possibilidade de resiliência (Cyrulnik) — termo originário da física, que significa a resistência de um material aos golpes — a algumas situações traumáticas, dentro de determinadas condições de maleabilidade e atitudes transformadoras do grupo familiar e do casal, perante as diversas exigências que a vida lhes apresente.

A temporalidade do geracional se esboça na medida em que um material psíquico, ligado a uma história geracional, começa a ser ressignificado em um "après-coup", ou seja, uma rememoração posterior a esse período, em particular na história subjetiva referente a nascimentos e decessos.

No entanto, o geracional não representa um livro já escrito ou um destino marcado; nossa tarefa é trabalhar com a realidade psíquica intersubjetiva e promover as potencialidades transicionais que possibilitem diversas mudanças. A terapia familiar psicanalítica busca transformar formas rígidas do vínculo em apoios psíquicos de algo não elaborado, como, por exemplo, os lutos e traumatismos.

A chegada de um bebê muito perfeito ou particularmente lindo poderia desencadear em alguns pais um sentimento de incredulidade, do tipo "eu acho ele muito maravilhoso para ser nosso/meu filho"; uma espécie de culpabilidade invade o psiquismo dos pais, como se estivessem desafiando os deuses, e em consequência disso emergem uma necessidade de "punição" e outros afetos ambivalentes que podem levar a conflitos envolvendo o vínculo de filiação. Não seria, por acaso, esse bebê tão fascinante a realização mágica e transgressiva dos desejos edipianos na dimensão inconsciente?

Como já foram assinalados, todos os materiais psíquicos são potencialmente transmissíveis: afetos, valores, fantasmas, formações superegoicas, imagos, modalidades defensivas etc.

Potenciais configurações traumáticas

O *afeto* é o primeiro elemento privilegiado da transmissão psíquica, assim como os sentimentos de culpabilidade encravada, a dor depressiva e a angústia catastrófica enquistadas. O sujeito está desligado de toda representação, mas já traz em si uma das modalidades da repetição de vivências traumáticas, caracterizada pela intensidade afetiva ou pelo excesso do não simbolizado — uma fantasmática atravessa a experiência parental do casal, com uma repercussão direta nos vínculos precoces estabelecidos com seu filho.

Engendrar uma criança representa sempre uma vitória sobre a esterilidade imaginária, vitória pela qual se deverá pagar um preço, segundo o cenário que encontramos no mítico nascimento de um herói. A distinção entre realidade e fantasia, passado e presente, não é suficiente, na medida em que a culpabilidade perante o êxito condensa uma outra ligada à repetição de fracassos ou de traumatismos precoces da ordem do geracional.

Observamos situações clínicas preocupantes em torno do vínculo precoce, nas quais pais e bebês sofrem, sem importar quais sejam suas competências iniciais. As vivências de catástrofe presentes na instauração do vínculo precoce podem também se referir a situações presentes, nascimentos prematuros, por exemplo, ou fatos inesperados como a morte súbita de um bebê nas proximidades, além, como já mencionamos, de reminiscências da primeira infância dos pais, da mãe, especialmente, em relação a fatos traumáticos.

Numa segunda configuração, a potencialidade traumática se manifesta clinicamente segundo o modelo de uma neurose traumática perinatal moderada, que se traduz numa modificação dos primeiros contatos. Pode ser observada, por exemplo, nos problemas de sono e alimentação ou nos macrorritmos da presença-ausência.

O bebê sofre com uma espécie de atribuição identificatória que determina esses distúrbios, correspondente ao fantasma parental inconsciente do "bebê lindo demais, podemos perdê-lo, poderá ser roubado de nós". No caso que mencionamos, a criança estava, certamente, vinculada a uma patologia geracional, mas também poderia se vincular a uma culpabilidade edipiana — são fantasmas que influenciam as interações pais-bebê. Em outros casos, o amor, a rejeição, a hostilidade e toda sorte de afetos se tornam muito intensos, assim como o vínculo sedutor em excesso, sendo a separação vivenciada com uma ansiedade intensa demais. O bebê pode ser identificado, inconscientemente, com um objeto perdido num passado próximo ou distante. O recém-nascido se parece com o objeto perdido, porém, não é idêntico, e se poderá trabalhar sobre o luto não realizado.

A terceira configuração é organizada segundo o modelo de "estado-limite grave". Trata-se de vivências de catástrofe que não foram simbolizadas, como assinalou Winnicott (1974). Na vinheta analisada, essa vivência foi maciçamente denegada e retorna como um traumatismo.

Em algumas situações, o superego pode perder sua qualidade pós-edipiana como uma instância que outorga segurança, reguladora do eu perante a realidade e as diversas pulsões, transformando-se, assim, em um superego tirânico. Ao mesmo tempo, o ideal do eu passa a um estado grandioso e incoerente, contribuindo por sua vez para uma desorganização psíquica. Falamos aqui da perversão narcisista que leva os pais a enviar ao bebê mensagens paradoxais.

Nas patologias importantes que se desenham nos vínculos precoces, o bebê pode ser atingido massivamente, numa imago ancestral inconsciente, por uma identificação projetiva expulsiva. O recém-nascido se transforma num determinado ancestral (perdido) — os pais não se contentam em considerá-lo semelhante, ele é *homomórfico*, ou seja, exatamente igual a uma figura familiar, conforme o comentário de uma paciente com traços psicóticos a respeito de sua menininha: "Ela é a minha mãe". Em tais situações, o ancestral perdido é identificado com o recém-nascido, sendo este o depositário de todas as projeções. São percepções quase alucinatórias do denegado, como se se tratasse de uma reencarnação. São dados importantes para se definir um atendimento de emergência.

TEMA 4 - PERCURSOS DA PARENTALIDADE: A INFERTILIDADE ENIGMÁTICA

O acompanhamento psicoterapêutico de diversos casais com dificuldades em torno da realização do seu desejo de parentalidade envolve interferências de diversas ordens, levando-nos a uma escuta especial dessa problemática igualmente incluída nas diversas travessias e possíveis crises de um casal e do grupo familiar.

Na história pessoal e familiar de diversos casais, observamos que o ideal de gerar um filho mobiliza muitas vezes uma história geracional conflituosa, que interfere no projeto de manter a continuidade do eixo biológico da filiação — como no caso da infertilidade de ordem psicógena, quando se configura o conflito de assumir um lugar na rede vincular de afiliação para se perpetuar no espaço geracional de ordem narcísica.

A problemática da infertilidade desencadeia um leque de fantasias e pode, ao mesmo tempo, modificar as relações entre os espaços intrapsíquicos e intersubjetivos. Ocupar seu "verdadeiro lugar" na corrente geracional significa muitas vezes transgredir, na dimensão da fantasia, uma interdição parental inconsciente e carregar o sofrimento ligado a esta situação. O conflito daí derivado estaria sendo expresso no corpo, depositário de uma fissura da história geracional inconsciente ou dos pactos e alianças que selam, também de forma inconsciente, o "acasalamento".

Nos dias de hoje, a presença do corpo na clínica psicanalítica vai muito além daquelas situações em que uma queixa psicossomática é formulada. Numa passagem de *O Ego e o Id* (1923) Freud evoca a dor como desencadeadora de um processo de representação do próprio corpo. Diz Freud: "nas doenças adquirimos um novo conhecimento de nossos órgãos, o que, possivelmente, é a maneira pela qual chegamos à representação de nosso próprio corpo em geral". Uma hipótese de pesquisa nos leva a questionar se, por conta do processo da gravidez assistida, no qual o bombardeio de hormônios é fonte de intensas dores, a paciente pode recuperar uma representação corporal cindida nos primórdios de sua própria relação com a mãe quando era bebê — devido a um déficit de estimulação afetiva e sensório-motora —, criando um hiato na representação corporal difícil de preencher de forma menos traumática.

A experiência da gravidez modifica de forma significativa a representação corporal feminina, comprometida na problemática da infertilidade. Assim, constatamos nas consultas de mulheres com dificuldades de engravidar que boa parte dos casos apresenta uma história geracional na qual os laços de filiação entre mãe e filha estão atravessados por conflitos, além de histórias de outras gerações condensadas em "não ditos" ou "mal ditos". O que não é falado ou é mal dito pode ser vivenciado como uma maldição: desde tempos remotos a infertilidade foi assim considerada, e também assimilada a feitiços.[5] Por outro lado, aparecem frases absorvidas inconscientemente na infância através dos vínculos pais-filhos que marcam toda a história pessoal. Nas pacientes com sintomas de infertilidade psicógena é preciso, às vezes, encontrar uma passagem entre a interdição e a identificação com a figura materna que a legitime ou interfira no desejo de maternidade. Em outros casos, como os que apresentamos, observamos que as protagonistas precisam superar certa fidelidade imposta pela irmã ou irmão desaparecidos na infância, desencadeador de lutos impossíveis e de um forte sentimento de culpa por terem sobrevivido.

A dinâmica do casal é também frequentemente afetada por elementos do complexo fraterno e do contrato narcisista. O

---

5. RUIZ CORREA, O. (2000). *O legado familiar*, op. cit., cap.3.

complexo fraterno desenvolvido por Kaës (2008) se refere à organização de vínculos intersubjetivos entre irmãos envolvendo diversos sentimentos — amor, ódio, ciúmes, rivalidade, inveja —, e é observado, em particular, nos casos em que o problema de infertilidade está mais ou menos definido em ambos os cônjuges. O complexo fraterno é considerado por Kaës como um dos principais organizadores dos grupos, especialmente famílias, envolvendo uma realidade psíquica específica.

As vinhetas clínicas que apresentamos expressam bem essa problemática, envolvendo um pacto denegativo e o conceito de contrato narcisista (Aulagnier, 1975), definido como um acordo inconsciente entre a criança e seu grupo familiar a partir de investimentos recíprocos. O tema em torno da infertilidade aparece interligado com a transmissão psíquica geracional e as dificuldades da parentalidade, incluindo a presença dos pactos e alianças inconscientes que confirmam os acordos ou interferem nos diversos vínculos.

A problemática do tratamento da infertilidade foi muitas vezes avaliada como aparentemente centrada no corpo feminino, tanto pela dimensão invasiva e direta das dosagens hormonais quanto pelas diversas manipulações de implantação de óvulos. Porém, envolve também um projeto do casal, que é o desejo de se tornarem pais, e nessa dimensão atinge tanto o parceiro quanto a vida amorosa sexual do par.

Essa questão atraiu, em um primeiro momento, a atenção de médicos e psicólogos, e mais tarde a dos psicanalistas. Os problemas levantados pela esterilidade sem diagnóstico de comprometimento orgânico provocaram também o interesse pela situação inversa, ou seja, como uma patologia orgânica poderia ter origem no sofrimento causado por limitações na realização da parentalidade, uma vivência traumática que pode gerar níveis diversos de estresse. Equipes médicas de diversos centros de assistência a casais inférteis — particularmente na França, em hospitais públicos e privados —, começaram a se interrogar sobre a etiologia dessa complexa problemática. Progressivamente, tornou-se evidente a dimensão do sofrimento psíquico, o materno em especial, e também o conflito provocado no casal pela frustração do desejo de continuidade geracional ou transcendência.

Numa equipe psicoterapêutica envolvida com a gravidez medicamente assistida aparecem ainda outras questões: caso a esterilidade fosse uma resposta a eventuais ameaças à unidade do casal, qual poderia ser a representação inconsciente de uma maternidade realizada? Estaria ligada a uma interdição de tipo edipiano? A figura materna (mãe da paciente) é sempre evocada nas entrevistas, aparecendo como uma figura demasiadamente poderosa ou, ao contrário, como uma imagem amorfa. Em linhas gerais, o amor idealizado entre mãe e filha parece pouco consistente, mas a dimensão intersubjetiva do casal cobra seu vigor, considerando a presença (ou ausência) do parceiro e a expectativa do entorno familiar com a perspectiva geracional do par. O vínculo intersubjetivo ocupa um lugar importante, sendo necessário considerar os pactos e contratos narcisistas inconscientes do casal. Uma outra questão, por exemplo, é como são suportados os fracassos repetidos na maternidade assistida; e uma vez superada a infertilidade, isso levaria a uma maternidade plena e a um casamento bem-sucedido?

As dificuldades da procriação assistida e da parentalidade frustrada estão ilustradas nos próximos relatos clínicos. A próxima vinheta apresentada discute as modalidades de transmissão psíquica geracional e momentos de interferência envolvendo a perinatalidade.

Vinheta clínica

Renata, uma moça de 35 anos, pertencente a uma família de tradição judaica, casa-se pela segunda vez com um rapaz católico não praticante.

O casal chega à consulta depois de várias tentativas frustradas de engravidar "de forma natural" e também pelo método de inseminação artificial. "Já são três anos de fracasso"; informa Renata na primeira entrevista. O marido foi convidado por ela a participar da terapia porque a situação detonou tensões: "Ele tem dois filhos do primeiro casamento, por isso considero que não dá importância ao meu desejo de ter um filho."

Entre os dados significativos da história familiar encontramos um luto não elaborado pela mãe de Renata, cujo filho falecera de uma doença incurável aos 12 anos, 11 meses antes do nascimento da filha que recebeu o nome do irmão, na sua versão feminina em iídiche. O fato foi mantido segredo para Renata até os seis anos de idade, quando foi informada por uma empregada da casa sobre um dado algo confuso, a foto de um bebê no colo da mãe, que não era ela, como a tinham feito acreditar, mas seu irmão falecido. Renata é temporã, "não esperada", fruto de uma gravidez denegada pela mãe, que considerou até o 5º mês que a falta de menstruação indicava menopausa, ainda que tivesse apenas 44 anos. O relacionamento mãe-filha foi sempre conflituoso; Renata nunca foi amamentada pela mãe.

O irmão do meio, 5 anos mais velho, foi especialmente protegido pelo pai, predileção que não seria suficiente para interferir na proibição de frequentar o lar paterno anos mais tarde, ao unir-se com uma moça não judia.

Renata se casou pela primeira vez com um rapaz da comunidade, a união durou dois anos, não teve filhos; um ano após seu divórcio casou-se novamente, depois da morte do pai, com Eduardo, o atual marido, também divorciado, pai de duas filhas, de quem procura engravidar. Esse projeto ambivalente se torna frustrante tornando-se fonte de conflitos do casal e motivo da consulta. O marido, apesar de ter realizado uma reversão de sua vasectomia, reforça a angústia da esposa, também ela isenta de problemas ginecológicos específicos, "não conseguimos engravidar depois de três anos de tentativas sem sucesso".

Eduardo, que não compartilhava do entusiasmo inicial de sua mulher, assume no processo da psicoterapia seu desejo de ter mais um filho, incluindo a possibilidade de adoção, proposta que não aceitava anteriormente. Lembramos que o conflito edipiano é um metaorganizador de todo vínculo intersubjetivo, e nesse caso, o vínculo de Eduardo com a mãe ficou muito próximo e conflituoso, quando este praticamente ocupou o lugar do pai falecido há dez anos, passando a resolver os problemas do cotidiano de sua mãe.

Cada sujeito retoma, de certa forma, o discurso de "mito fundador" do grupo, incluindo os ideais e valores de cada cultura familiar e, de forma mais ampla, da cultura sociocomunitária.

No caso de Renata, lembramos que seu pai proíbe o filho mais velho de se casar com alguém de outra religião, ficando assim marcada a força da transgressão e consequente punição, com sua exclusão do lar paterno. Uma hipótese é que esta interdição paterna e a culpa resultante da sensação de transgressão operam inconscientemente em Renata, interferindo no processo de engravidar. Seu desejo de maternidade é atravessado pela interdição inconsciente do mandato paterno contra procriar com um *goy* (não judeu), e ainda por fantasias edipianas de incesto, igualmente inconscientes. Junto a estes elementos se articula um pacto inconsciente de interdição da "continuidade geracional" com seu parceiro, que envolve dados históricos geracionais de ambos.

Lembramos que na articulação de um contrato alguém assume um compromisso em relação ao outro em troca de um benefício, sendo que o contrato descreve os termos de resolução de conflitos e as condições para que isso seja possível — falamos aqui de contratos e alianças inconscientes, que visam à preservação ou continuidade de um vínculo.

Eduardo tem um irmão com problemas psiquiátricos, hospitalizado várias vezes, e no processo da terapia aparece a fantasia de vir a nascer um "menino problemático". No espaço intrapsíquico e intersubjetivo transita ainda uma referência da memória genealógica, a imagem do pai que morreu de cirrose (alcoolemia) — acontecimentos que teriam causado profundos conflitos nos vínculos de Eduardo com sua família de origem e a atual.

Por outro lado, no processo psicoterapêutico se observa a configuração de um fantasma comum, segundo o qual esse filho tão desejado teria o valor de um "presente" para a mãe de Renata, já que por si a filha não teria conseguido compensar o luto pelo "filho perdido". Eduardo, por sua vez, deseja de forma ambivalen-

te — devido ao irmão psicótico e ao temor de uma herança genética — um filho homem, porque é pai de duas meninas. Podemos
também incluir suas fantasias em torno de uma culpa edipiana.

Durante o processo psicoterapêutico, Renata engravida
por inseminação artificial e sente muitas dores. Finalmente, dá à
luz uma menina que nasce prematura, três semanas antes do parto
previsto. A terapia analítica do casal revela-se fundamental para
que o casal tome contato com a filha, possibilitando um vínculo
amoroso com ela, embora seu nascimento prematuro a posicione
como "fonte de problemas", expressos inicialmente através de intensa ansiedade ao lidar com a situação de fragilidade e desamparo
da recém-nascida, que permanece em terapia intensiva por uma
semana. Esse desamparo na mudança de funções, ao assumir a
parentalidade, percorre os sentimentos dos pais, que inconscientemente se identificam com a filha, "inerme", "desprotegida", dificultando assim os primeiros vínculos. O acompanhamento psicoterapêutico permite reverter a situação.

Gravidez assistida

As fantasias inconscientes despertadas pela implantação de
embriões previamente congelados, assim como a possibilidade de
uma série de escolhas quando a inseminação não é feita com o
sêmen do parceiro, dão origem a diversas fantasias e ansiedades.

Têm também destaque as angústias desencadeadas por
uma redução embrionária espontânea, situação para a qual os pais
são alertados, mas que é fantasiada pela mãe como sabotagem à
gestação, como se ela mesma produzisse essas perdas pela ambivalência de seu desejo de maternidade, resultando num sentimento
de culpa.

Nos procedimentos de fecundação assistida os casais en-
frentam diversas fantasias de ordem edipiana, sempre associadas às
singularidades de cada história geracional — como a fantasia frequente de ter traído o marido por conta da inseminação artificial.
Suas consequências para o casal e a vida familiar estão brevemente

ilustradas na vinheta a seguir.

Vinheta clínica

Melissa é mãe de um menino de dez meses de idade, por ela mesma diagnosticado como apresentando um início de autismo, pela forma de olhar e dificuldades de sono esporádicas (ela é estudante de psicologia). Na realidade, o bebê não tem problemas de interação e contato com sua mãe, o que fica evidente nas entrevistas clínicas. Tentamos entender o que acontece com os pais no vínculo com seu bebê, levando em conta alguns aspectos da transmissão psíquica geracional.

Devido às dificuldades de Melissa para engravidar, o filho foi concebido por inseminação artificial, com um doador de esperma. Avançando com as associações da mãe no processo psicoterapêutico, encontramos suas fantasias de adultério a partir de um sonho, no qual associa o doador à figura de um ex-namorado; ela conta, quase se justificando, que usara o "esperma de outro homem". Novas associações aparecem posteriormente, em outras sessões, ligadas a fantasias edipianas que acompanham seu sentimento de culpa. Em algumas mulheres, observamos a fantasia de terem concebido a criança sozinhas, numa espécie de "onipotência materna originária" (partogênese). A função masculina como fantasia deixaria de existir.

O marido de Melissa, Felipe, coloca-se como figura ausente da díade mãe-bebê por considerar que nesses primeiros tempos, a mãe é a figura mais importante e necessária — tem a fantasia de ser uma espécie de São José, pelo fato de não sentir a sua paternidade legitimada por laços biológicos ou de sangue, denegando a filiação simbólica.

Tudo isso cria uma situação particular no estabelecimento dos vínculos precoces, o que nos leva a trabalhar, ao longo da psicoterapia, vários ângulos do processo geracional através do genograma, empregado como técnica de mediação na Terapia Familiar Psicanalítica. Observamos, no genograma da linhagem materna, uma figura feminina (tia-avó) que teria tido um filho concebido com um parceiro fora do casamento, tendo sido comprovado que a criança tinha problemas neurológicos. Esses dados e associações, que articulam fantasias inconscientes se transformam em representações ao longo das várias sessões.

Trata-se de um fato traumático na família materna que nunca havia sido mencionado — nem a relação extraconjugal nem o filho adulterino e problemático, fatos denegados como crime e castigo, mas que pesam na transmissão psíquica geracional onde se mantêm como "segredos de família", tema que abordaremos mais adiante.

Quanto à linhagem paterna, o marido, por sua vez, lembrou os comentários de seu pai sobre a felicidade do avô ao receber o filho homem, nascido após quatro mulheres. Pouco tempo depois, esse avô adoece e morre, deixando órfão o pai de Felipe, na época com dois anos de idade. Felipe imagina por quanto tempo pretende esperar para participar, tornar-se próximo da dupla mãe-filho, apontando os 3 anos de idade do filhinho, ou seja, inconscientemente se prepara para superar a orfandade precoce no vínculo dual, depois de atravessar o período em que "a felicidade com a chegada do filho mata", como se não fosse possível para ele lidar com a legitimação da paternidade simbólica, evitando assim a culpa de sobreviver.

Além das pacientes de procedimentos de fecundação *in vitro* que possam estar em tratamento psicoterapêutico individual ou de casal durante o processo, e pelo fato de este ocorrer na maioria das vezes em clínicas privadas, atualmente se sugere ao casal um preparo psicológico com uma equipe interdisciplinar de atendimento. A fecundação *in vitro* nem sempre é exitosa nas primeiras tentativas, o que desperta diversas ansiedades devido à expectativa do resultado e o envolvimento do narcisismo do casal. Muitas vezes esse procedimento de gravidez assistida cria uma crise e tensões na vida sexual e amorosa, e é comum o marido comentar que "parece que temos um médico auscultando nossa sexualidade até embaixo de nossa cama".

Salientamos a dimensão inconsciente da transmissão psíquica do negativo — aquilo que foi denegado ou apagado — na prática clínica da procriação assistida e nos vínculos precoces. A tecnologia desenvolvida pela medicina nos últimos anos nos leva a refletir, a partir de casos como os mencionados, sobre o perigo da alienação da subjetividade do casal envolvido e do filho que nascerá, na medida em que não se considera a importância da dimensão inconsciente na problemática analisada. Esta diversidade de crises possíveis solicita um trabalho psíquico apurado, para metabolizar e elaborar os conflitos que envolvem o geracional, do casal e de seu grupo familiar. Os primeiros vínculos pais-bebê podem ser facilitados por uma abordagem psicoterapêutica preventiva, nos casos de gravidez e parentalidade conflituosa.

TEMA 5 - A VIOLÊNCIA INTRAMUROS; O ESPAÇO DO GRUPO FAMILIAR; A VIOLÊNCIA SOCIAL: SITUAÇÕES DE CATÁSTROFE E SUAS RESSONÂNCIAS PSÍQUICAS

A palavra violência tem sua origem no latim *vis*, que significa "imposição", "coerção". As possibilidades de seu exercício são diversas, desde o contexto social até o familiar, assumindo formas e intensidade variáveis, sutis ou abertas, mas sempre traumáticas. A dificuldade de elaboração dos traumatismos de origens diversas, num contexto de violência, poderá atravessar diversas gerações, facilitando a repetição inconsciente pela impossibilidade de se metabolizar e simbolizar uma experiência dessa ordem.

Podemos fazer uma releitura da instância grupal-social que codifica e decodifica os diversos níveis transgressivos dessa violência. As instâncias normativas delimitam um dentro-fora do grupo familiar e, ao mesmo tempo, devemos considerar uma dimensão intra e intersubjetiva que funciona como uma membrana, sustenta e protege através de certas normas, regras e valores, sobretudo através de uma lei que não é apenas simbólica. A ausência da lei, seja pela falta da função paterna, por exemplo, ou por sua relativização a nível institucional — num contexto mais amplo, ditaduras ou guerras — desestabiliza, confunde e traumatiza pela falta de limites e valores éticos.

Devemos também mencionar a crise de valores das diversas instituições e tudo aquilo que se refere ao mal-estar na cultura como elementos que contribuem para desestabilizar os vínculos

sociais e familiares. A análise das diversas expressões de violência no interior do grupo familiar e suas articulações com outros
contextos, como o social, sob um ponto de vista interdisciplinar,
é uma questão importante e merece ser considerada. Incluiremos
neste capítulo algumas reflexões sobre a violência estrutural e con-
juntural.

Dentre as diversas manifestações de violência, escolhemos
tratar a que denominaremos "intramuros", também denominada "doméstica" (ocorrida no interior do grupo familiar), porque
marca um território e um espaço singular na construção ou des-
construção da subjetividade. Em diversos graus de intensidade,
seja pelos castigos corporais, abuso sexual ou coerção moral, essa
violência invade e violenta o território psíquico-corporal numa
depredação da subjetividade e dos diversos vínculos, estabelecendo, assim, um sofrimento e diversos traumatismos de ordem intra
e intersubjetivos.

Violência e traumatismo

A palavra traumatismo tem origem grega, indicando uma
ferida com efração —, termo em medicina reservado às consequências sobre o conjunto do organismo.

Freud ressalta em diversas obras a dimensão da economia
psíquica solicitada, enquanto descreve um excessivo fluxo de exci-
tações em relação à capacidade de tolerância do aparelho psíquico,
seja por um acontecimento muito violento (emoção forte) ou por
um acúmulo de excitação. A experiência permanece no psiquismo
como um corpo estrangeiro, que não consegue ser metabolizado.
Mais tarde, Freud acrescenta à teoria do traumatismo aspectos da
vida fantasmática e fixações nos diversos níveis libidinais.

Originalmente, em psicanálise, o trauma era pensado em
termos de desordem das forças pulsionais, fossem estas exacerba-
das ou inibidas. Mencionamos os traumas vinculados a abusos sexuais, incestos e outras violências que percorrem o grupo familiar,
muitas vezes encolhido em si próprio pelos efeitos traumáticos,

mantendo seu sofrimento ao longo de diversas gerações ou através da herança dos segredos de família. Suas repercussões na subjetividade e na intersubjetividade se prolongam, interferindo na realidade psíquica com um sentimento de culpa ou vergonha que atravessa os diversos vínculos. Segundo a avaliação clínica, será definido um dispositivo adequado para desenvolver um processo de elaboração na medida em que existir uma real demanda de atendimento. A indicação, segundo uma avaliação apurada, poderá ser de uma terapia psicanalítica do grupo familiar ou de casal, além de intervenções de outras instâncias.

O grupo familiar que maltrata aparece sempre gravemente perturbado, levando-nos a refletir sobre os variados fatores que atravessam essa problemática e sua importância na formação de equipes assistenciais, assim como nas instituições (judiciárias, de assistência social, e médico-psicológicas) que participam do atendimento às vítimas procurando criar um espaço especial de cuidado e contenção, sob uma perspectiva interdisciplinar dedicada à escuta e compreensão dessa complexa patologia.

É difícil definir uma modalidade específica de violência, porque esta se espalha como uma mancha de tinta, invadindo e desorganizando vínculos nos quais circulam as diversas cargas da ordem das pulsões e afetos. Resulta também necessário fazer uma leitura ampla da instância grupal-social que codifica e decodifica instrumentos assistenciais e da(s) lei(s), para uma avaliação dos diversos elementos transgressivos envolvidos na violência intramuros. Esta instância, em forma de lei real ou simbólica, delimita um dentro-fora do espaço psíquico intra e intersubjetivo que sustenta e protege cada sujeito e a sociedade como um todo (com leis, normas codificadas, valores etc.) considerando que sua ausência ou limitação desestabiliza todo tipo de vínculo. Em casos de violência sexual dentro do grupo familiar, como, por exemplo, um pai estuprador, é desaconselhável iniciar uma terapia antes de ser definido o afastamento da vítima e a punição do agressor via judicial.

Uma leitura ou reflexão sobre as diversas formas de violência requer também assinalar que esta percorre os diversos espaços psíquicos — que se interligam, não sendo reduzíveis um ao outro, cada um tendo sua especificidade própria: o nível intrapsíquico refere-se ao mundo interno; o espaço intersubjetivo envolve o espaço vincular; e o transubjetivo aponta a dimensão sociocultural.

Esses espaços psíquicos interagem entre si, tendo cada um sua importância aumentada ou reduzida segundo o momento, época da vida e as circunstâncias que os cercam. Observamos configurações vinculares nas quais diversos conflitos violentos se traduzem no grupo familiar em relações do tipo sadomasoquista. Kaës apresenta a hipótese de que este tipo de vínculo mobiliza os elementos anárquicos ou agressivos da pulsão de morte, na tentativa de gerenciar ou manter, apesar de tudo, os vínculos intersubjetivos. Tal hipótese tenta compreender como a erotização da dor ou a multiplicação do ódio são condutas que encontramos, às vezes, em situações-limite abrangendo a criança ou adolescente e sua família, assim como em certos vínculos de casais. Em tais condições, a T.F.A. poderia propiciar ao grupo familiar e ao casal uma compreensão de sua participação subjetiva e como grupo nos esforços de vinculação, superando o difícil caminho de condutas agressivas às quais estão acostumados. Tais funcionamentos expressam a limitação dos vínculos que encontramos nas configurações fusionais e descrevem, desta forma, uma tentativa de saída para sua dor e desamparo a partir da violência. Não conseguem se enxergar ou discriminar uns aos outros.

Na violência intramuros ou intrafamiliar encontramos ameaçados ou fragilizados a construção da subjetividade e o sentimento de pertencimento a um grupo, no qual os vínculos primordiais são baseados na proteção, no afeto e no reconhecimento. É um sentimento desorganizado e ameaçador, trate-se da experiência de violência física/ sexual, que deixa marcas no corpo e no psiquismo como traumatismo, ou daquela outra forma de violência perversa (silenciosa, sem marcas físicas) na qual o outro é reduzido a objeto, aniquilado na sua condição de sujeito, depredado na sua subjetividade — é o caso do perverso narcisista, que conta muitas vezes com a cumplicidade inconsciente de outros membros do grupo submissos a seus avanços, por medo, culpa e/ ou fidelidade afetiva. O filme dinamarquês "Festa de Família" é um exemplo dessa violência intrafamiliar, com traços evidentes de perversão narcisista no casal parental.

Estudos diversos têm mostrado a repetição de situações de maltrato na família de origem; os sintomas das famílias maltratantes constituem uma espécie de legado familiar (de violência) que se transmite de uma geração a outra, legado este que pode ser transformado e metabolizado por uma ajuda psicológica em novas e salutares transformações vitais.

Podemos considerar também o contexto social, incluindo, por exemplo, a forma como a mídia apresenta a violência intramuros ou o maltrato familiar, relatado em geral no registro do sensacionalismo, com traços mórbidos até, "além do limite", como no caso de um apresentador de televisão que despertou a capacidade de indignação de parte da população, assinalado como o início de uma capacidade ética em relação à violência nos meios de comunicação.

Muitas vezes, o discurso de denúncia não pode se eximir de poupar outra violência superposta, se aparelhando passo-a-passo na situação que deu origem à informação.

O geracional e a violência no grupo familiar

O sofrimento psíquico familiar pode ser expresso pela totalidade de seus membros ou tendo apenas um deles como porta-voz, com uma sintomatologia ruidosa ou ambígua, sem estridências, porém grave.

Nossa intervenção em termos de diagnóstico e tratamento, especialmente no caso da violência intrafamiliar, demanda sempre cuidados especiais, solicitando uma equipe interdisciplinar, que possa fazer também intervenções precoces.

A consulta clínica envolvendo problemas de violência contra crianças e adolescentes revela muitas vezes sintomas encobridores, como as diversas dificuldades de aprendizagem, fracasso escolar, condutas violentas ou de retração, fobias, tendências aditivas como bulimia, anorexia, drogas, quadros depressivos. Encontramos com frequência na história familiar (com o recurso do genograma) elementos que nos fazem pensar numa problemática geracional que se repete, vinculada a alguma situação de violência.

O processo geracional, nesse caso, envolve uma transmissão psíquica defeituosa, com lacunas e vazios, aspectos da denominada denegação que inclui o não revelado; aquilo que foi escondido ou calado pelos ancestrais (alguns em forma de segredos de família), envolvendo diversas ordens de violência de índole sexual, incluindo diferentes formas de sedução, castigos físicos ou morais, em geral referentes a atos transgressivos.

No início da transmissão psíquica havia algo não falado (indizível) que depois se transformou em inominável, para finalizar sendo impensável (recalque), com patologias que podem se transformar na psicose de um dos membros do grupo familiar. Um exemplo significativo é o caso Arnelle, que desenvolvi no livro *O Legado familiar* (2000). Também cabe mencionar o conceito de cripta (Abraham-Torok, 1976), como um segredo inconsciente guardado pelo próprio portador, sendo a chave de seu sofrimento.

Podemos esclarecer melhor os diversos espaços psíquicos da análise através de um exemplo, como o caso de um bebê que chora faminto, em que observamos uma intensidade pulsional variável, aliada a uma vivência afetiva de desamparo (ansiedades catastróficas pela frustração da espera), isto é, algo que difere de um bebê a outro (espaço intra-subjetivo). A maneira de suportar essa fome e desamparo ocorre de forma diferenciada dentro de um vínculo mãe-bebê (intersubjetividade), e cada mãe tem sua forma própria de gerenciar a demanda do bebê a partir de sua própria história pessoal e geracional.

E o que significa isso? Como já assinalamos num capítulo anterior, cada "agir parental" (para colocar uma expressão clara, ou seja, dentro do vínculo intersubjetivo) é portador de complexas vivências inconscientes, que emergem quando se debruça para atender as necessidades da criança ou do adolescente. Sua disponibilidade pode ficar limitada ou sofrer interferência de determinadas circunstâncias, atuais ou histórico-geracionais, originadas em diversas qualidades de violência. O próprio ato de colocar limites, por exemplo, pode provocar um tipo de conflito interior, às vezes inconsciente, em função do que pode ser rememorado emocionalmente em relação a experiências com seus próprios pais, como no caso descrito abaixo.

Vinheta clínica

O caso de Lucy, a partir de seu relato num processo psicoterapêutico, ilustra como a forma de alimentar seu bebê e a tentativa de acalmar sua ansiedade reativavam para ela representações no nível inconsciente, ligadas a situações traumáticas vivenciadas nas linhagens materna e paterna. Ela se lembra, isto é, toma consciência no decorrer da terapia, que ao alimentar seu bebê com uma mamadeira criava um circuito de ansiedade pelo fato de interromper essa ação com um nível de violência durante a ingestão do leite, em razão do medo de que o bebê se afogasse. Como consequência, este sugava com mais força e rapidez, "ficava vermelho e com raiva", ela lembra, deixando assim sua mãe mais preocupada e tensa, insegura quanto à forma de segurá-lo, o que, por sua vez, a levava a falar mais alto, dizendo ao neném: "Devagar". E assim sucessivamente.

Na história familiar de Lucy descobrimos um avô paterno que faleceu por afogamento. Ela tomou conhecimento do fato, ainda pequena, de forma dramática. Sua mãe, de quem tomou conta até alguns anos antes do nascimento do bebê, era doente crônica de asma, vindo a falecer por uma crise grave de asfixia. Na manhã de sua morte tiveram uma forte discussão, e a filha se sentiu muito culpada.

As representações mentais da figura materna, em caso de conflito, terão seu registro no inconsciente da criança, uma forma de transmissão geracional de uma violência psíquica inconsciente. Também se veiculam vivências em forma de traços de memória, com experiências de figuras ancestrais que o bebê ou a criança nunca encontraram, caso de transmissão psíquica transgeracional. Na clínica, desenham-se figuras representando os segredos de família — problemas de filiação, atos transgressivos ou violentos mantidos em segredo, tais como incestos, homicídios, perseguições violentas como as do período nazista e nas ditaduras —, em torno dos quais se tecem as configurações vinculares do que é denominado "aparelho psíquico grupal-familiar".

A angústia surgida a partir de experiências vivenciadas por uma das figuras parentais condena esses fatos a um não dito, que se organiza como um segredo. Um sentimento de vergonha pode acompanhar o segredo quando este chega à segunda geração. Alguns dos objetos da transmissão, como já foi assinalado, são marcados pelo negativo (como o celuloide de um filme) do que é transmitido, aquilo que não é contido ou lembrado, a doença, a vergonha, a falta, o recalcado, os objetos enlutados. Essa configuração de objetos e seus vínculos será transportada, difratada e projetada num outro ou mais de um outro — eis a essência da transmissão psíquica geracional. O que se transmite não é só o negativo, mas também aquilo que sustenta e assegura a continuidade narcisista e mantém os vínculos intersubjetivos ideais, incluindo os mecanismos de defesa, os pactos e alianças inconscientes (Kaës, 2007).

Pesquisas sobre violência intrafamiliar

Nos últimos anos, diversas pesquisas nos centros médicos--pediátricos em diversos países, entre eles o Brasil, mostraram a quantidade significativa de crianças, mulheres e adolescentes que são vítimas da violência intrafamiliar, com consequências que vão desde o ataque à integridade física e psicológica (agressões físicas, sexuais, incesto) até a morte por negligência ou maus tratos, incluindo a indução ao suicídio. Diversas agressões no grupo familiar marcam a memória com situações extremas — como as que ocorreram na cidade de São Paulo, onde uma filha assassinou o casal parental e um pai exterminou a filha de cinco anos jogando-

-a pela janela, com ajuda de sua parceira —, que fazem parte do arquivo de fatos que relatam intensa violência familiar. Trata-se, é evidente, de famílias gravemente perturbadas, com traços psicóticos.

As variadas expressões de violência assinalam, de forma inequívoca, que traumatismos físicos e psíquicos de intensidade variada, indicadores de um distúrbio intrapsíquico grave no grupo familiar ao longo do tempo, provocarão maior sofrimento se não forem avaliados como tal nem tratados de forma adequada. Particular atenção merece o abuso sexual por parte do pai ou de algum parente próximo, com a cumplicidade consciente ou inconsciente dos membros do grupo familiar. Lembramos a situação de Joana, uma paciente de 17 anos.

Vinheta clínica

A menina era submetida, desde os seis anos de idade, ao abuso sexual por parte de um irmão dez anos mais velho, enquanto a família denegava completamente o fato. Já adolescente, Joana sofre uma crise de raiva contra sua mãe (se descontrola e quebra objetos da casa) enquanto enfrenta, durante um almoço, o ataque verbal desta e de seus irmãos. Pretendeu-se hospitalizá-la de imediato, num centro psiquiátrico, como depositária de uma doença psíquica familiar. Mas uma abordagem da família através de entrevistas, embora limitada pelo tempo, possibilitou uma atitude diferente, na medida em que foram revisitados alguns dos diversos vínculos perturbados.

Descobriu-se no histórico familiar, pela linhagem materna, que havia existido uma situação de incesto entre uma tia-avó de Joana e um de seus irmãos, fato mantido como segredo de família e que agora se repetia. De sexualidade transgressiva não era viável se falar nessa família, nem tampouco do sentimento de humilhação e vergonha que tinham sofrido suas vítimas. A família interrompeu as entrevistas e, em seguida, a terapia que lhe havia sido proposta, enquanto Joana continuou sua terapia e, como resultado, conseguiu algum tempo mais tarde ir morar com uma amiga.

Observamos que a criança pequena ou adolescente se submete ao abuso e à violência por medo e/ ou em virtude de afetos contraditórios, possibilitados por sentimentos ambivalentes — raiva, temor de rejeição — e pressões externas, como conflitos de lealdade ou sedução por parte do agressor. Nesses casos de violência há comprometimento da integridade física e psíquica das vítimas, configurando um importante sofrimento psíquico.

Mas existe outro tipo de violência que se manifesta com algumas características mais sutis ou indiretas, emerge através de sintomas de uma experiência traumática insustentável e se traduz em doenças repetidas, transtornos psicossomáticos e acidentes reiterados. Outras situações nos mostram crianças aprisionadas numa relação simbiótica que limita sua identidade, ou presas a um vínculo de perversão narcisista com depredação da subjetividade, o que fica transparente no já mencionado "Festa de Família", onde os vínculos perversos percorrem a família, e, ao longo da história, ocorrem abusos sexuais de um pai incestuoso com a cumplicidade da mulher, levando a filha ao suicídio.

Observamos nessas configurações familiares diversos graus de violência, tanto no filme quanto na vida real: a mãe pouco se interessa por seus filhos, lhes é indiferente, e num outro registro aparece como onipresente, obtendo um enorme benefício narcisista de sua posição de mãe enquanto se apodera do desejo dos filhos, aprisionados num vínculo com traços de perversão narcisista; seu principal objetivo é obter um prazer que a valorize, em detrimento do outro, considerado uma marionete.

Racamier (1993) salienta a incidência de patologias perversas e psicóticas nas configurações vinculares dessas famílias, fazendo uma diferenciação entre fantasias incestuosas (de ordem universal) e uma situação atuada. O autor teoriza sobre aquilo que define como vínculo incestuoso, com uma fantasmática fundada sobre uma relação de sedução narcisista, e assinala seu papel no complexo fraterno.

A superproteção, presente no vínculo simbiótico, esconde

em muitos casos uma significativa angústia de separação e de castração (onde o sujeito evita se aceitar com seus limites), podendo também envolver situações como lutos não elaborados que atravessam diversas gerações. As patologias envolvendo a perversão narcisista, algumas já mencionadas nas dificuldades da parentalidade, são tema comum no exercício de uma violência psíquica larvada, observada em uma ou em ambas as figuras parentais.

Como referência da violência intrafamiliar, poderíamos revisar diversas vinhetas clínicas, mas destacamos a menos ruidosa, ligada a uma patologia de perversão narcisista. O atendimento à família em questão se realiza numa clínica social, onde às vezes é necessário, devido à organização da instituição, espaçar os encontros mais do que o esperado. Mencionamos o fato porque a demanda nos centros assistenciais muitas vezes supera as possibilidades de atendimento, sendo motivo de necessária reflexão.

Vinheta clínica

A família[6] chega à consulta encaminhada pela médica pediatra da filha de 14 meses de Juliana, de 17 anos de idade. Os pais estão presentes, esclarecem, "só para acompanhar". Junta-se aos familiares uma irmã mais velha, de 19 anos, que pouco se manifesta.

O tema é a filha de 17 anos com sua neném de 14 meses, "de quem ela não cuida como deveria". Juliana teve uma gravidez indesejada aos 15, fruto de um encontro casual com um rapaz que resultou ser portador de sífilis. Os pais não concordaram com a possibilidade de um aborto, opção oferecida pela equipe médica devido ao risco para mãe e o bebê, já que Juliana tinha contraído a doença, detectada no 3º mês de gravidez.

A gravidez de risco dessa adolescente envolve uma série de sintomas de maltrato intrafamiliar, com ênfase na falta de reconhecimento da alteridade nos diversos vínculos e traços de perversão narcisista. Essa violência, por vezes sutil, atravessa os diversos

---

6. Material de uma supervisão clínica.

espaços psíquicos e fica encoberta sob uma aparente compreensão das dificuldades (pais vêm à consulta levados pela problemática da filha, que deu à luz uma menina com problemas neurológicos) — os pais limitam todo tipo de saída ou contatos da filha com amigos e colegas da escola, assinalando que ela deve apenas tomar conta de sua filhinha em tempo integral.

Na demanda de atendimento estão presentes os significantes de "rejeição" e "ódio", atribuídos por Rosa (mãe de J.) a sentimentos latentes de sua filha no vínculo com a neta; estes, porém, constituem apenas o pano de fundo dos conflituosos vínculos familiares. Rosa nunca deixa Juliana falar, argumentando que conhece melhor a filha do que esta a si mesma, e com esse argumento a filha é despojada de seu desejo e subjetividade.

Como já foi assinalado, o sofrimento psíquico familiar pode ser expresso pela totalidade de seus integrantes ou por apenas um membro — um porta-sintoma —, de forma ruidosa ou ambígua; em termos de diagnóstico e definição psicoterapêutica, em casos de violência intrafamiliar, nossa intervenção nos leva a considerar diversos espaços da configuração vincular do ponto de vista de alguns eixos, como os investimentos narcisistas e perturbações da transmissão psíquica geracional e da filiação, observados no material clínico apresentado.

Trabalhando na clínica da perinatalidade, percebemos que acontecimentos como a chegada de um bebê desencadeiam uma série de rememorações, mobilizando o processo de transmissão psíquica geracional. O encontro com o bebê ocasiona sempre uma reacomodação ou desacomodação narcisista da família. Movimentos de projeções, identificações e contraidentificações são ativados. No caso descrito, representa uma crise importante no grupo familiar, centrada naquilo que é considerado como agressão pessoal de Juliana ao casal parental — a paciente é percebida como apenas uma prolongação dos pais.

É de enorme importância o processo de reconhecimento nos primeiros vínculos, envolvendo a filiação, o que nos leva a considerar os efeitos perturbadores ou destrutivos que se impõem como herança psíquica nas experiências atravessadas pela dupla mãe-filha. O parto prematuro, a ausência concreta de um parceiro, assim como as condições já mencionadas que acompanham a experiência de Juliana, atualizam nela o desamparo originário, dificultando ainda mais a instauração do vínculo com sua mãe. Ficou evidente ao longo das sessões a pulsão de domínio da avó, em particular em torno de Juliana e sua filha. Também foi lembrado pelos avós que desejavam um filho homem quando Juliana nasceu, e o pai reafirma o relacionamento difícil entre mãe e filha.

O intrincado movimento pulsional despertado na adolescente — por um lado, pela força de sua sexualidade, e por outro pela chegada da neném — a levam a experimentar sentimentos contraditórios ou ambivalentes, como uma culpa inconsciente por suas pulsões mortíferas, que interferem com frequência nos movimentos de reparação expressados nos vínculos de amparo e cuidado aos quais Juliana se mostra sensível no decorrer do breve trabalho psicoterapêutico entre mãe e filha. A terapia foi interrompida abruptamente, segundo a desculpa manifestada, por conta de limitações de tempo dos pais para acompanhar de carro o deslocamento da filha com sua neném.

Um bebê que sobrevive a um parto prematuro aos seis meses, cirurgias de cardiopatia e ainda a sequelas neurológicas que devem ser tratadas no futuro aponta para uma importante pulsão de vida, que parece despertar em Juliana seus próprios recursos de autonomia e diferenciação. "Já mudei algumas coisinhas", diz a jovem mãe na 7ª sessão, se referindo a cuidados que cotidianamente dispensa à sua filhinha.

Segundo Racamier (1992), a perversão narcisista se situa na interseção entre o intrapsíquico e o intersubjetivo, entre a patologia individual e familiar do narcisismo, como ocorre na trajetória entre psicose e perversão pesquisada por este autor em particular, e também por Alberto Eiguer (1989). Lembramos os trabalhos de Freud sobre fetichismo (1927-1938), nos quais ele designa um lugar especial para a denegação (da castração) e a clivagem do ego. É através desses mecanismos, em particular o da denegação, que Freud conecta a perversão fetichista à psicose.

A perversão narcisista se caracteriza pela necessidade e prazer específico de valorizar a si próprio em detrimento do outro, tentando ao mesmo tempo assegurar para si uma imunidade conflituosa. Estas são as características do vínculo de Rosa com sua filha Juliana, à qual ela tenta provar o tempo todo sua incompetência, como ao lembrar que "ela já não prestava desde que era criança", ao mesmo tempo em que enfatiza a diferença entre ela e a irmã. Na medida em que o processo avança, a adolescente começa a procurar um espaço de aproximação com pessoas de sua faixa etária, ao qual a mãe se opõe vivamente. Enquanto, de forma sistemática, Rosa desqualificava os avanços da filha no vínculo com sua netinha, desenhava-se um pacto inconsciente, em cumplicidade com o marido, para excluir Juliana de sua função materna.

As fontes inconscientes da perversão narcisista estão vinculadas a uma defesa contra a depressão. Juliana explica que levou adiante sua gravidez indesejada por ter sido estimulada pelos pais, pela irmã e pela avó. Esclarece ainda que "queria agradar meu pai com um filho homem". Pensamos que isso vai além da realização do desejo edipiano inconsciente, e somos inclinados a diagnosticar uma fantasia de ordem pré-edipiana na qual Juliana imagina conquistar um lugar especial na estrutura familiar ou aplacar a imago de uma mãe devoradora. O elemento aleatório ou imponderável — no caso o bebê malformado e do sexo feminino — joga por terra seus desejos de reparação, configurando uma situação traumática para todo o grupo familiar, incapaz de oferecer um *holding* ou continente para a adolescente, que, pelo contrário, recebe maltrato psicológico em uma configuração vincular conflituosa.

Podemos associar a história de Juliana a fases ou etapas da perversão narcisista. Poderia tratar-se de um momento circunstancial, em função de uma situação traumática, dolorosa ou depressiva, com aspectos defensivos. Mas em outro nível de patologia, encontramos as organizações perversas narcisistas. Nossa proposta é tratar de compreender essa problemática a nível das interações familiares, tomando emprestadas referências, por exemplo, do grupo familiar de toxicômanos ou da criança "robotizada" numa família de estrutura psicótica.

Fontes da perversão narcisista

Encontramos sua origem nas primeiras relações intersubjetivas, vinculada a uma megalomania infantil universal ancorada na sedução narcisista — uma fascinação mútua fantasiada entre a mãe e seu bebê ou criança pequena, que, como sabemos, tem por objeto constituir um ser simbiótico único e poderoso, que os protege das vicissitudes pulsionais, da ambivalência e dos conflitos edipianos. Trata-se, em particular, de manter-se a salvo do sofrimento, das separações e do luto, situação que não resiste às exigências internas do processo de maduração afetiva.

Devemos considerar que uma fome narcisista perpetuada no tempo pode levar ao incesto e à psicose; por outro lado, uma sedução narcisista aliada ao autoerotismo pode desembocar numa perversão narcisista. Diversos trabalhos teórico-clínicos têm mostrado o quanto, na perversão narcisista, se encontra ativa a ilusão de real e impunemente substituir junto à mãe um pai que é anulado, em pensamento e de fato, na maioria das vezes. Nesse processo de anulação do pai incluímos o evitamento do Édipo e a desestruturação do superego, acrescentando ainda uma tentativa de imunidade conflituosa. Os traços mais evidentes da perversão narcisista se configuram, numa versão mais leve, no tipo de pessoa "que sempre tira vantagem", e, numa vertente mais agressiva, em um comportamento próximo da paranoia.

O gozo perverso é uma depredação moral, na qual importa a desqualificação do ego do outro segundo métodos variados, porém específicos. O objeto-pessoa é tratado como um utensílio, e seu próprio narcisismo é ativamente negado (objeto/ não-objeto) mecanismo presente no esboço clínico do caso Juliana.

A verdade não interessa ao perverso narcisista, que usa diversas máscaras, interessado somente nas aparências. Eiguer (2005) descreve na tipologia das fissuras narcisistas a personalidade mundana articulada com esses aspectos que encontramos às vezes no consultório. O perverso narcisista se nutre do narcisismo do outro. Racamier fala da tentativa de sair incólume de todos os conflitos, assinalando que não existe nada mais forte como ferida narcisista do que o ataque de um narcisismo perverso individual ou grupal.

Todos esses estudos sobre os variados problemas do narcisismo assinalam que na maioria dos quadros clínicos, desde a psicose mais grave até a neurose mais leve (se é que se pode falar assim), estão sobredeterminados nos espaços intra e intersubjetivos por um certo nível de deficiência narcisista. Podemos fazer esta leitura nas psicoses, nas personalidades-limite (*borderline*), nas adições e perversões, como também em certos transtornos psicossomáticos.

A hipótese central seria que, revalorizando a esfera relacional, ou seja, centrando a terapia na perspectiva vincular, essa patologia apresentaria melhores condições de abordagem, a partir do trabalho com a transferência e contratransferência — nas quais as relações de objeto ocupam o primeiro plano, o que nos leva a considerar também a teoria da dupla conflituosidade psíquica, onde dois conflitos psíquicos complementares se reativam reciprocamente, um de natureza objetal e outro de natureza narcisista.

O conflito objetal ou libidinal é a clássica oposição entre pulsão e defesa, ou entre duas instâncias psíquicas definidas por Freud como base de toda a patologia. O conflito narcisista nos reenvia à estrutura egoica e àquilo que lhe é inerente, ou seja, sua capacidade de se abrir ou de se fechar, de conter ou não conter, seja o objeto ou sua própria angústia, sua capacidade de pensar ou evacuar os elementos beta "não fantasiáveis", referindo-se também à possibilidade de partilhar a libido narcisista com o objeto ou concentrá-la de forma exclusiva em si próprio.

Observamos situações nas quais a relação objetal e o narcisismo se misturam ou se despedaçam; quando um neurótico apresenta uma descompensação psicótica ou quando um fetichista faz uma profunda depressão quase psicótica, a dupla conflituosidade psíquica se torna mais evidente, e o narcisismo, mantido habitualmente na sombra, aparece à luz do dia, acarretando consequências na dinâmica do grupo familiar — como na vinheta apresentada acima, na qual se evidencia um predomínio das interações em que a mãe de Juliana estabelece vínculos narcisistas.

A perversão narcisista é um desafio para o analista ou terapeuta de família, já que nessa dinâmica um ou diversos membros se transformam no "depósito" do inanimado no grupo familiar, ou seja, uma espécie de "robô" a serviço da patologia, sendo necessário um aprofundamento nesse conflito. A surpresa, a frustração e a inibição estão entre as emoções que podem ser despertadas e exigidas no processo transferencial. A contratransferência pode ser considerada um ponto central do processo terapêutico, com o qual é difícil lidar. Tais configurações familiares potencialmente perigosas — ou "tóxicas", como também foram denominadas — podem ser encontradas na origem da violência intrafamiliar.

Outras patologias perversas na violência intrafamiliar

Um tipo de vínculo perverso se refere ao incesto — como modalidade da gestão pulsional entre sujeitos de gerações diferentes, são vínculos que privilegiam a coexcitação e a destrutividade em detrimento da eroticidade intersubjetiva.

Do lado paterno isso pode acontecer relacionado a um traumatismo perinatal que procura ser reabsorvido na solução incestuosa ou na perversão narcisista (A. Carel, 1992). O pai entraria em violenta rivalidade narcisista com o bebê, a quem considera um predador do amor e atenção da mãe, denegando ao filho a qualidade de vínculo de filiação. Assim, a criança se transforma num objeto e não em outro sujeito. Se procurarmos nesse conjunto de elementos pontos comuns com a patologia da transmissão psíquica geracional mais ou menos complexos, vamos encontrar formas de trabalho do negativo: a denegação é um operador essencial da transmissão nessas formas de patologia.

Destacamos também a presença de crises depressivas da mãe (a que Green denominou "complexo da mãe morta"), com *lutos impossíveis* que se transmitem de uma geração a outra, situação que afeta as primeiras relações mãe-bebê e inocula este último com o germe de uma vulnerabilidade especial, criando um terreno fértil para todo tipo de doenças. Mais tarde, essas crianças podem defensivamente fazer uma negação das perdas, criando, assim, as bases para uma personalidade com traços de perversão narcisista.

No que se refere à delicada e complexa problemática do abuso sexual de crianças e adolescentes (jogos sexuais, violação, incesto), dentro do próprio grupo familiar ou incluindo parentes próximos, consideramos importante avaliar na história familiar geracional situações traumáticas semelhantes, que não foram simbolizadas ao longo de várias gerações e podem resultar em psicose na terceira geração.

Violência social (situações de catástrofe social)

Existe outra ordem de violência com traços de traumatismo geracional: a derivada de catástrofes sociais, como as diversas guerras ou o genocídio no período nazista, o extermínio dos armênios, o conflito na Bósnia e na Síria, assim como os desaparecidos no escuro período das ditaduras latino-americanas, acontecimentos que têm configurado diversas patologias da subjetividade no grupo familiar, atravessada por uma transmissão geracional defeituosa, com experiências não faladas ou denegadas. Observa-se nesses casos um "engavetamento geracional", como o denominou Faimberg, sem espaço para transformar um legado familiar que inclui esse tipo de violência, com suas múltiplas feridas.

Como psicanalistas, nos deparamos em nossa experiência cotidiana com diversos graus de violência na vida psíquica pulsional em seus confrontos com o objeto, nas instâncias psíquicas em relação de oposição, no recalque e no retorno do recalcado, estendido ao Complexo de Édipo. Sua organização ou caos envolve o espaço psicanalítico e atravessa intersubjetividades em gerações de casais, famílias, grupos e instituições.

Algumas dessas violências partem dos elementos destrutivos da pulsão de morte; outras sustentam o desejo de vida. Quando, porém, a realidade externa irrompe na situação psicanalítica e

faz efração na realidade psíquica, contamos com referências teóricas e práticas menos evidentes, assim como o confronto com os
efeitos da violência social na subjetividade. A teoria do traumatismo e seu avatar central na teoria da sedução suscitam, desde
os primórdios da psicanálise, a questão ainda aberta de categoria
da realidade, o que tem levado a graves confusões no processo de
interpretação dos efeitos traumáticos da violência social no psiquismo. O entorno social no qual a formação da realidade psíquica é significativa resta, frequentemente, limitado apenas à sua
dimensão na configuração familiar. Sabemos no entanto, que essa
influência é mais ampla. Quando a violência da História irrompe
na história de um sujeito e faz efração na dimensão do Estado po-
lítico e de uma ordem econômica — tal como aconteceu décadas
atrás na América Latina, onde um estado de terror vinculado a
diversas ditaduras acabou atingindo o sujeito na sua subjetividade
e corporalidade —, somos confrontados com obstáculos de outra
categoria e determinação, como assinalou Derrida: "o mal pelo
mal", "sem álibi". Questões como as consequências dessa irrupção
solicitam profunda reflexão, na medida em que o traumatismo
dela derivado se diferencia daquele já conhecido e definido na teoria psicanalítica como sendo apenas de natureza psicossexual.

Alguns trabalhos contemporâneos, vinculados à psicose e
seus efeitos na transmissão e herança arcaicas (Enriquez, 1988),[7]
e outros, referentes aos sobreviventes de genocídios ou campos de
extermínio, nos tem possibilitado pensar, dentro da psicanálise,
os efeitos profundos e a longo prazo dessa incidência da violência,
de origem diversa daquela gerada no espaço da intersubjetividade.
A problemática do encontro entre a realidade psíquica e o mal-
-estar social a nível catastrófico deveria ser pensada em novas bases
teórico-clínicas, na esteira do legado freudiano.

A violência fundamental originária, como a que surge no
percurso destrutivo da pulsão de morte, nos resulta familiar. Assim
como ocorre nas pulsionais, com suas interdições, tais violências
podem ser representadas no espaço físico e também no contexto

---

7. Incidence du delire parental sur la mémoire des descendants. Paris, *Topique*,
42.

da situação psicanalítica, sendo por isso pensadas dentro do campo teórico da psicanálise. Nos perguntamos, porém, se a realidade social, isto é, se aquilo que é definido como "não eu" não pertenceria também à realidade psíquica grupal.

Observamos que a angústia e o sofrimento intrapsíquicos e intersubjetivos constituem, simultaneamente, o pano de fundo e o efeito de todo tipo de violência. Esse processo, que abordaremos mais adiante, pode atingir também outras gerações no decorrer da transmissão psíquica geracional. Talvez uma teoria muito ampla do traumatismo não possa dar conta desse tipo de experiência.

Consideramos interessante a definição proposta por René Diatkine (1982):

> O traumatismo pode ser avaliado como efeito de uma excitação violenta, decorrente de uma situação na qual o psiquismo do sujeito não tem condições de diminuir a tensão provocada, seja por uma ação ou uma reação emocional imediata, que possa resultar numa elaboração mental suficiente.[8]

Diatkine considera duas possibilidades no destino psíquico do traumatismo. No primeiro caso, a experiência insuportável encontra o desejo inconsciente, criando um desequilíbrio entre o eu atingido e as forças pulsionais. Após um período de latência aparecem inibições e sintomas diversos. No segundo caso, Diatkine aponta que "um acontecimento se impõe, e o sujeito despreparado, afetado por um trabalho psíquico prévio, é colocado em perigo direto de sobrevivência psíquica ou real. Trata-se do tema da morte, que está incluído na situação de perigo". Traumatismos de guerra ou morte previsível dos entes queridos remetem à morte do sujeito, sempre no pré-consciente ou inconsciente. No primeiro caso aparece um excesso de excitação libidinal, e no segundo um antagonismo entre o narcisismo e a pulsão de morte.

---

8. DIATKINE, R. "L'après-coup du traumatisme". In: *Quinze études psychanalytiques sur le temps: traumatisme et après-coup*. Toulouse: Privat.

Piera Aulagnier desenvolveu a hipótese de uma colisão, com efeitos potencialmente psicotizantes, entre a realidade interna (fantasia) e a realidade histórica, na medida em que esta não era reconhecida, como no caso de pacientes que foram vítimas da perseguição nazista ou de diversas ditaduras.

A situação de catástrofe social pode ser definida como aquela em que a representação mental é de desarticulação e confusão subjetiva, num contexto de violência social no qual são atingidos aspectos do contrato narcisista (Aulagnier) que envolve o sujeito e seu grupo familiar, portadores de um discurso social. Entre essas situações encontramos a destruição daquilo que foi descrito por Kaës (1993) como "formações intermediárias", e a crise de valores que Touraine denominou "perda das garantias metassociais".

Para Kaës, essas formações intermediárias se condensam nos pactos, contratos e alianças inter e transubjetivas que articulam a história pessoal e coletiva. Tais formações, segundo Anzieu (1985), constituem um envelope psíquico grupal comunitário que sustenta as condições de vida subjetiva e de ordem social cultural — leis, valores, normas etc. —, e isso fica comprometido nas situações de catástrofe social. Nos períodos da ditadura nazista e de terrorismo de estado, por exemplo, as leis e normas vigentes foram deturpadas em função de ideais de domínio e preservação de uma ordem dada — o Estado contra a subversão, ou, no caso do nazismo, o privilégio de uma ideologia e de uma etnia. Na ditadura argentina mais recente negava-se a violência, expressa em torturas, desaparecidos e perseguições, assegurando que se tratava de rumores e que o Estado só realizava ações ditas de justiça comum. Procurou-se apagar fatos e pessoas como se jamais tivessem existido, assim como na Europa, inicialmente, denegou-se o genocídio nas câmaras de gás, numa tentativa de impossibilitar um espaço de inscrição que permitisse pensar a articulação do curso da História, individual e coletiva. Na história da ditadura argentina o "desaparecido" era o sintoma no qual se condensava a perversão e a crueldade de um regime totalitário.

Concluindo, nas situações de catástrofe o contexto social se torna incoerente e incompreensível, tornando difícil a procura de sentido no cotidiano. Os grupos e a sensação de pertencimento se desorganizam por causa do medo, e aumenta o nível de coesão defensiva a respeito do que está acontecendo: "Não sabemos nada, ou não entendemos".

Dentre as formações intermediárias atingidas, pensamos naquelas que Freud introduziu em sua obra *O mal-estar na civilização* (1929), descritas como uma renúncia pulsional comum para que uma comunidade de direito possa existir. Nos casos de violência social, essa renúncia pulsional deixa de ter vigência. O processo de psicoterapia familiar nos ajuda a metabolizar, elaborar e transformar esses conteúdos psíquicos que circulam no interior do grupo sem possibilidade de contenção e elaboração.

TEMA 6 - O ADOLESCENTE E O GRUPO FAMILIAR

Nossa proposta é acompanhar as travessias do grupo familiar em diversas etapas de seu processo vital, com suas crises e alterações nas diversas configurações vinculares. Temos observado que os períodos de perinatalidade e adolescência apresentam como característica comum a redefinição de importantes processos identificatórios no interior do grupo familiar.

Nessa transição, diversas turbulências acontecem, certa irritabilidade ou desconforto geral de ambos os lados devido às respectivas reivindicações — envolvendo uma autoridade parental questionada e diversas tentativas de afirmação de independência e diferenciação por parte dos filhos. Tais tentativas de autoafirmação incluem, muitas vezes, condutas agressivas ou de enfrentamento.

Observamos, em cada família onde há um adolescente diversos graus de sofrimento ligados a feridas infligidas por limitações ou perda de reconhecimento mútuo nos vínculos intersubjetivos. Os processos mobilizados adquirem a forma de defesas diversas, presidindo o fluxo de sentimentos de estranheza ou de extrema familiaridade, numa oscilação entre o mútuo reconhecimento e uma distância reservada entre os lados envolvidos.

A etapa adolescente é um período de crise identitária e de reorganização pulsional. Para alguns autores, como Marty (2002), o amadurecimento sexual genital é a chave central, impondo a reativação de problemáticas edipianas. É produzido um deslocamento libidinal do objeto familiar incestuoso, priorizando uma figura exterior que possibilite um complemento afetivo. Alguns adolescentes rejeitam um posicionamento sexual e escolhem uma identidade "amorfa", que afeta o desenvolvimento da "crise de adolescência" e nos fala também de seu desejo.

Nesse período de transição, aparecem breves retornos ao infantil e a perplexidade do desconhecido: um novo corpo se desenha, não reconhecido. A descoberta de novos ídolos e os novos hábitos fora de casa provocam certo sentimento de estranheza, o que leva a família e às vezes o próprio terapeuta a se perguntarem o que é "normal" e o que é "patológico", ainda que estas dimensões sejam totalmente relativas e sempre coexistam.

O desenho de certa desarmonia se impõe, junto a uma necessidade de se diferenciar, especialmente da família de origem, que, em geral, funciona no registro do quantitativo e do excesso, dando espaço a um vínculo paradoxal e alienante que tende a se cristalizar entre os pais e seus filhos adolescentes, interferindo na tentativa de individuação. A vinheta clínica a seguir está tingida com essas cores, na figura de uma adolescente que circula nesse tipo de vínculo no qual ao excesso de controle paterno se opõe uma atitude contestatória e reivindicatória, envolvendo também uma transmissão psíquica geracional complexa.

Observamos diferenças de gênero nas condutas de meninos e meninas, sendo estas últimas interessadas, no início da adolescência, em uma ou duas amigas mais íntimas, diferente dos meninos, que preferem fazer parte de grupos de pares numerosos. Todos se envolvem em maior ou menor grau nas redes sociais e passam horas em frente ao PC, iPad ou iPod, e também digitando mensagens compulsivamente no celular, condutas que delimitam uma exclusão do entorno, irritando o grupo familiar em geral. Acontecem situações extremas, nas quais o adolescente se refugia no mundo virtual, deixando de lado a comunicação com os familiares. Interrogamo-nos, em diversos contextos, sobre os efeitos da era virtual na subjetividade e intersubjetividade.

As condutas aditivas, variadas em intensidade e consequências, são frequentes nessa etapa (incluímos aí as diversas drogas pesadas), o que torna necessário uma intervenção psicoterapêutica, da família, ou uma série de entrevistas de avaliação da configuração familiar, paralelas a um tratamento individual caso este já tenha sido iniciado.

Nos termos de uma construção subjetiva, o papel dos grupos de pares é importante, porque permite avaliar algo que nem sempre é fácil nesse período de relacionamento. Muitos adolescentes se isolam, ou ficam encerrados em si mesmos. Em termos gerais, a conduta excessivamente ruidosa atrai mais a atenção da família do que uma atitude de recolhimento, já que esta não perturba demais; pode, porém, conter maior conflito e sofrimento.

Philippe Gutton, especialista em adolescência, esclarece que o termo "cena pubertária" descreve um espaço de "encontro entre pais e o adolescente com base em um modelo incestuoso e parricida; trata-se de uma cena primitiva, na qual o ator principal é o adolescente". Segundo o autor, esse espaço ativa toda a sedução, sendo, por um lado, um núcleo essencial de criatividade, e pelo lado oposto uma fonte de caos e desmoronamento da identidade, com diversos graus de conflito.

Reconhece-se que a adolescência assinala uma passagem simbólica de uma geração a outra, e retoma a problemática da transmissão psíquica geracional das representações inconscientes. Por outro lado, reativa a adolescência dos próprios pais, com ressonâncias dos ajustes psíquicos e físicos com que foram confrontados no passado.

A vinheta clínica do grupo familiar de uma adolescente nos possibilita apontar algumas questões referentes a esta etapa particular, que se apresenta com facetas e registros diversos em cada grupo familiar.

Vinheta clínica

A consulta é sugerida pela psicanalista da adolescente Denise (17 anos), que aponta uma tensão permanente da paciente e a qualidade das manifestações agressivas contra o casal parental, que perturbam a convivência familiar. O grupo inteiro concorda e aceita a terapia familiar.

A família é composta pelo pai, David (65 anos), comerciante, sua segunda esposa Rose (56), professora de literatura, e os dois filhos do casal, Denise, que é carioca, e Ariel (22 anos), como o pai nascido em Israel, e estudante de administração. Denise nasceu um ano depois da emigração dos pais para o Brasil; sua mãe é brasileira, morava em Israel e voltou para cuidar da mãe já idosa, que mora no Rio, instalada na cidade há 40 anos. Observamos repetições geracionais nas migrações e na dinâmica das configurações vinculares.

A emigração para o Brasil é proposta por Rose, que conhecera seu marido em Israel por ocasião de um curso que estava ministrando. Um ano depois de casados, nasceu o primeiro filho, Ariel; o projeto de mudança de Rose disparou tensões porque o marido, divorciado, deveria deixar seus filhos do primeiro casamento, com 14 e 16 anos. Esta separação resulta difícil, sendo uma fonte de atritos iniciais.

Os pais de Denise se escolheram como parceiros num período em que cada um enfrentava fragilidades — perdas e lutos com importantes identificações na história geracional comum. O pacto de aliança do casal parece estar erigido sobre "mortos sem sepultura" dos quais não se pode falar; ao longo do processo psicoterapêutico, conseguem processar uma rememoração conjunta de seus lutos enquistados, histórias das famílias de origem.

Denise, com ironia, define seus pais como "parados no tempo", e em seu reiterado empenho de autodeterminação os desafia permanentemente a sair de um lugar no qual "pretendem impor sua autoridade parental sem medir consequências". O mesmo afirma seu irmão Ariel, único irmão do lado materno, que participa de forma irregular das sessões porque o horário comum possível coincide com uma aula da faculdade.

Também Ariel era cobrado pelos pais pelo pouco tempo compartilhado em família, e a queixa fica em torno das muitas horas passadas na casa da namorada nos últimos meses. O rapaz responde expressando sua falta de tempo para ficar em casa e sua rejeição ao "clima de guerra" permanente na família, tentando assim evitar mais confrontos consigo e, em particular, entre sua irmã e a mãe. "Meu pai também briga, mas tenta colocar um pouco de ordem entre as duas", completa.

Denise, que desenhava e pintava desde pequena, tinha iniciado a Escola de Belas-Artes, mas seus pais não a apoiavam, assinalando que essa carreira "era de nada" e afirmando que teria que seguir os estudos de direito, como teria manifestado em algum momento. A adolescente reitera que se sente "controlada e asfixiada o tempo todo"; enfatiza que continuamente seus pais, a mãe em particular, telefonam para seu celular tentando saber onde e com quem se encontra, a que horas volta para casa etc. Nessas discussões no consultório começa uma gritaria na qual ninguém escuta ninguém, e o pai expressa sua impotência para gerenciar esses enfrentamentos. A queixa de Denise é que "eles gostariam que eu ficasse atada, sem nenhuma liberdade"; assinala que esquecem que ela já cresceu, e que sua analista sugeriu esta intervenção em família porque ela tem vontade de "se mandar" antes dos 18 anos. "Até na faculdade eles querem vir me buscar", conclui. A mãe chora e acusa a filha de ingrata.

Tais cenas se repetem, e começamos a trabalhar a dimensão latente na violência que envolve as histórias geracionais dos pais.

Os irmãos compartilham o mesmo quarto desde pequenos, um espaço limitado, que Denise descreve como uma restrição a mais: "falta intimidade", ela precisa de um canto só para si, apesar de o irmão nos últimos meses passar mais tempo na casa da namorada. Denise comenta que não podia nem trocar de roupa porque o banheiro estava sempre ocupado. Mais adiante, nas sessões, consegue expressar o incômodo por seu irmão estar no mesmo quarto, uma sensação de vergonha e também de intrusão.

Os pais não concordam com esse tipo de reflexão, e assinalam que "o laço fraterno está acima de tudo". Ariel, presente numa dessas ocasiões em que a situação é comentada, demonstra também estar muito incomodado. A falta de horários "compatíveis" com as sessões passa a ser associada ao que "não é compatível com a privacidade de cada um", e Ariel faz um jogo de palavras entre vestir e desvestir. No processo associativo transparecem fantasias incestuosas e edipianas entre os irmãos.

Quando Ariel insiste que os problemas não são entre ele e sua irmã, a mãe enfatiza, mais uma vez, que não pode haver problemas com alguém que está ausente a maior parte do tempo. "Controlar Ariel eles não podem", acrescenta Denise, "por isso se voltam para mim e não me deixam em paz!"

Na ocasião surgem comentários negativos sobre a namorada de Ariel, que teria uma família liberal demais. Fica evidente que a namorada não frequenta a casa da família, onde, em termos, não é aceita e é considerada como intrusa. Faço referência a esta intervenção "intrusiva" na vida deles e sou por momentos percebida da mesma forma. Denise explica que sua mãe é muito ciumenta e controladora. As expressões "absorve", "controla", "persegue", estão sempre presentes, como significantes que atravessam a dinâmica e a temporalidade do grupo familiar.

A participação de Ariel nas sessões com certa assiduidade resulta importante, promovendo um movimento de maior discriminação e autonomia nos integrantes da família na medida em que ele defende seu livre trânsito entre o grupo familiar e os grupos de fora, nos quais é um tipo de líder — uma associação de estudantes, um time de vôlei de praia —, enquanto a irmã se sente presa e controlada pelos pais, para quem "tudo é perigoso". Foram observados no grupo familiar diversos níveis de reações somáticas — como insônias e enxaquecas frequentes em Rose e David e um problema dermatológico em Denise desde seu nascimento: a garota expressa na pele (superfície de contato) o que não chega a ser simbolizado em palavras (mãe quase ausente em sua função materna, relutante quanto ao contato físico, ocupada com seus lutos de migração e com a perda de parentes). Os efeitos dos traumatismos na história geracional, vinculados ao desaparecimento de familiares de ambos os cônjuges na Shoah, só começam a ficar claros quando é desenhada a arvore genealógica — técnica de mediação que favorece associações e lembranças entre os diversos participantes. Ambos os filhos comentam que muitos dados dessas histórias de familiares desaparecidos nunca tinham sido compartilhados, como se fossem segredos de família.

O pacto denegativo (Kaës, 1987), como já foi assinalado,

faz referência a um acordo inconsciente entre os membros de um casal ou grupo para que certas lembranças e dados históricos sejam rejeitados ou apagados, condenados à repressão ou denegados para sustentar a continuidade dos diversos vínculos do grupo familiar. O pai de Denise se mostra emocionado quando, realizando o genograma de sua família de origem, rememora a última vez em que viu seus dois irmãos e sobrinhos na cidade de onde foram levados para os fornos crematórios. Ele conta que era adolescente, "estava do outro lado da rua e me senti paralisado quando começaram a subir no furgão, sem conhecer ainda o destino final". A emoção toma conta de toda a família, um raro momento em que os pais não estão no controle incessante do que deve ou não ser compartilhado com os filhos, uma queixa reiterada de Ariel. Começa nesse momento uma narrativa comum do casal, que comenta algumas experiências dolorosas vinculadas às suas famílias de origem e à perseguição nazista, situações pouco conhecidas pelos filhos.

Dona Rose, a mãe, comenta como é difícil viver com lembranças dessa época conturbada. Seu marido confessa que sente culpa (por ter sobrevivido) e vergonha pelas humilhações sofridas por sua família de origem: "É como algo sujo dentro de mim". Denise associa os relatos às suas sensações de raiva incontrolável, que não sabe explicar.

Em outra sessão, a mãe se refere à agressividade da filha, dirigida especialmente contra ela, e conclui: "Ela me odeia desde que nasceu, mordia meu seio com poucas semanas, e quando lhe dava as primeiras comidinhas cuspia no meu rosto". A filha comenta, com ironia: "Ela esqueceu que eu devia lhe dar pontapés quando estava dentro da sua barriga, não é?"

Dona Rose se descontrola, e responde gritando: "Está vendo? É sempre assim, ela me deixa tensa o tempo todo... desde que nasceu! Com seu irmão não era assim". Ela explica que acha possível que por "coisas assim" não desejava uma filha, e apesar disso pensou, caso fosse menina, em lhe dar o nome de uma tia, irmã de sua mãe, falecida no ano do nascimento de Denise. Durante um tempo ficam todos em silêncio, num clima opaco. Aponto ao grupo o caminho escolhido inconscientemente (brigas), para evitar que entrem em contato com as perdas sofridas. Lembro ainda que a separação concreta na adolescência da filha e o namoro do filho despertam ressonâncias afetivas diversas. Dona Rose, como porta-voz, tenta camuflar o sofrimento com brigas e gritos que os distanciam de outros sentimentos, como o desamparo. Ao mesmo tempo, as características do grupo familiar são de aglutinamento, nos espaços internos e externos, uma espécie de "grude" que os defende das angústias de desmoronamento psíquico perante uma eventual separação dos filhos, reativando o medo de outras separações que sofreram.

Em sessão posterior, ao ser comentada a figura da tia materna falecida, Denise lembra que sua mãe nunca lhe contou o que aconteceu com ela; a mãe fica tensa e o marido tenta mudar de assunto, enquanto a filha prossegue: "Ela faleceu num hospício ou algo assim?" Novo silêncio se instala e Rose menciona que ela tampouco tinha um vínculo carinhoso com sua mãe, discutiam frequentemente, "ela não tinha um caráter fácil". Ao que Denise comenta, irritada: "Dá pra entender, você é bem parecida com ela". O pai interfere novamente, tentando apaziguar, suavizar as comparações, porém mãe e filha não deixam espaço para isso acontecer. Quando em outra sessão retomam o trabalho com a árvore genealógica, ao lembrar episódios da história da família materna uma caixa de Pandora se abre, e a mãe, referindo-se à tia materna de quem Denise leva o nome, comenta que na realidade ela tinha desaparecido, ou "fugido" com um primo do qual tinha sido proibida de se aproximar, porque ele a teria engravidado. O episódio não fica claro, sempre havia sido ocultado pela família como motivo de vergonha; cria-se uma cortina de fumaça, que os impede inicialmente de esclarecer se ela tinha sido vítima da perseguição nazista como outros membros da família, ou afastada por sua conduta transgressiva. Esse segredo também se configurava como um "pacto denegativo" em torno do qual se organizou o vínculo, e os episódios relativos a essa tia parecem ter tido o efeito, na família de Rose, de silenciar sobre os desaparecimentos nos campos de concentração.

O clima da sessão seguinte a essa revelação é bem mais

calmo, a escuta tem menos interferências por parte de todos os participantes. Os filhos se mostram sensibilizados com as informações, lamentando não terem participado antes. A temporalidade fica imobilizada em torno de uma queixa permanente com relação "aos filhos que abandonam o lar", e é dirigida ao futuro. Diversos afetos congelados começam a se expressar.

A representação de Denise como a filha "desprotegida e ameaçada por diversos perigos, a quem é preciso proteger", configura uma dimensão projetiva, assim como a necessidade parental de controlar e reparar o que não lhes foi possível com sua família de origem, além de também ter reativado sentimentos ambivalentes com relação a seus próprios pais. Essas representações começam a mudar progressivamente. Dona Rose, que falava incessantemente no início de todas as sessões sobre a agressividade da filha, rememora a figura da tia materna, seu sumiço e reaparecimento num hospital psiquiátrico, e quanto isso também tinha influenciado sua primeira emigração para o Brasil.

O mundo pulsional, especialmente o ligado à sexualidade e à violência, parece ameaçador e sem controle, mas começa a ser metabolizado na configuração familiar. O filho manifesta o quanto percebia sua "fuga" cotidiana da contínua repetição de uma violência descabida entre sua mãe e irmã, deixando o pai isolado, sem conseguir exercer sua função paterna, a ponto de, às vezes, parecer ter ficado em Israel com seus outros filhos, que aliás decide visitar em breve, depois de discutir a questão com a família.

O enquadre do processo terapêutico teve a função de contenção de ansiedades importantes, como, por exemplo, quando a mãe decide marcar sessões sem a presença dos demais.

A "violência fundamental" definida por Bergeret (1984) e a culpa do sobrevivente têm provocado diversas reflexões clínicas onde é considerada a imbricação das pulsões de vida e morte; o autor considera essa violência como uma versão evoluída da pulsão de conservação, um caminho que facilita a emergência e diferenciação das pulsões às quais oferece apoio.

No grupo familiar que apresentamos, o pacto denegativo

tem sido um organizador do vínculo tal como descreve Kaës, com uma função defensiva que possibilita a sobrevivência psíquica em torno de um legado de perdas com migrações, segredos de família e lutos não elaborados. Esses conglomerados afetivos permanecem limitando as transformações necessárias para se obter a realização do desejo e a discriminação dos diversos vínculos.

O adolescente e o mundo virtual

As recentes tecnologias oferecem novas perspectivas para se observar diversas situações, sobretudo no universo lúdico dos jogos cibernéticos.

Através desses jogos, quando possível, as crianças e adolescentes representam algumas dramatizações virtuais mais criativas, trasladando opacidades do universo familiar e, às vezes, acontecimentos traumáticos ou conflituosos dos quais ouviram falar nas entrelinhas ou percebidos inconscientemente dentro do grupo familiar. A elaboração poderá acontecer caso esse material seja levado ao processo psicoterapêutico.

Lembramos a terapia de um grupo familiar no qual uma das queixas era de que o filho de 14 anos passava muito tempo jogando videogames, o que o isolava do resto da família e interferia demais nos resultados escolares.

Vinheta clínica

Marco comenta numa sessão que joga especialmente o *"World of Warcraft"*, e conta que a personagem que ele encarna é uma espécie de "morto-vivo".

Durante a realização do genograma, os pais são interrogados sobre seus próprios pais, e se alguém teria guardado luto por um familiar próximo. A mãe responde que seu irmão mais velho, muito querido, tinha sofrido um grave acidente durante a gravidez de Marco, e isso ficou recalcado na história familiar. Esse irmão permaneceu por um tempo em estado de coma, vindo a falecer 3 meses depois do nascimento do menino; ela se emociona ao falar e deixa a impressão de não ter feito o luto dessa perda. Nas sessões que se seguem observamos que Marco cresceu com a sensação de uma obrigação inconsciente de ocupar o lugar dessa figura tão especial para sua mãe — era um "morto-vivo que vivia lutando, como seu "avatar", para conquistar uma moça com um nome semelhante ao de sua mãe. A conotação edipiana é evidente, e esclarece suas lutas pulsionais. Marco precisava ocupar um lugar especial no afeto de sua mãe, o que faz todo sentido, de forma simplificada, com sua configuração edipiana, o luto fraterno não realizado pela mãe e um pai muito ausente, além das problemáticas comuns da adolescência.

Nem sempre acontecem essas dramatizações tão transparentes, mas outros dados da história familiar, em geral, confirmam situações conflituosas deslocadas para o universo do jogo virtual. Em outras ocasiões a personagem criada pelo jogador é uma figura que possibilita a expressão da agressividade recalcada em relação a algum membro da família. Assim, o jogo dos "Sims" (simulacros) se torna um espaço de projeção extraordinária para a expressão de desejos proibidos: um pai que desaparece, um irmão ou irmã que morre em acidentes, a mãe que fica queimada gravemente com uma simples fritura na cozinha — estes eram os cenários favoritos de uma adolescente aparentemente muito calma, mas com problemas de isolamento que preocupavam sua família.

Esses jogos, além da distração que proporcionam, permitem dar livre curso a diversos níveis de agressividade, incluído o complexo fraterno, sem risco de um castigo ou outra agressão como consequência. Lembramos que essa agressividade também faz parte integrante da violência fundamental que nos habita, sendo expressão das forças de vida (Bergeret,1984). Através desses jogos, a criança e o adolescente descobrem que sua agressividade, expressada nos momentos de cólera, pode ser orientada para atividades construtivas e criativas, descobertas no contexto da psicoterapia do grupo familiar.

As sucintas vinhetas mencionadas mostram o quanto a expressão emocional na interação com os jogos do mundo virtual pode se transformar em fontes de expressão do inconsciente intra e intersubjetivo, e também numa interface especial de expressão de diversos conflitos, assim como dos percalços da história genealógica de cada grupo familiar. Os elos entre fantasia e realidade, entre desejo e seu objeto, ficam diluídos no mundo virtual, mas a vitalidade das pulsões é conservada, como, por exemplo, a pulsão sexual, orientada em direção a objetos que ficam dispersos.

Como pensar a escuta desse mundo virtual? Poderíamos considerar essa dimensão como a produção de um sonho, buscando associações no espaço psicoterapêutico tal como acontece com toda expressão da realidade psíquica, material que pode ser incluído nas associações do grupo na procura de um continente e de um sentido. Nessas condições, o processo psicoterapêutico é sustentado pelos denominados "derivados narrativos" da função "alfa", como os devaneios.

No processo psicoterapêutico aparecem objetos de transferência ligados à sua trama familiar. No caso descrito a seguir, trata-se de uma família migrante com conflitos de adaptação. A consulta foi motivada por Nicolas, de 15 anos, adolescente com problemas escolares.

Vinheta clínica

Nicolas representava no "Sims" figuras ancestrais, e nas associações dos personagens criados pelo adolescente, tais como tataravós, emergiam mulheres exóticas, com histórias tecidas a partir de separações traumáticas e dolorosas entre pais e filhos. Estas aconteciam nos primeiros anos de vida, refletindo vivências de seus próprios pais, que ficaram muito emocionados na reconstrução da história.

Numa etapa posterior, o processo psicoterapêutico possibilitou assinalar a clivagem entre o mundo real e o mundo virtual ou fantasiado por Nicolas, onde tudo acontecia sem conflitos nas diversas configurações vinculares. O trabalho conjunto de livre associação sobre o material apresentado pelo adolescente possibilitou uma melhor compreensão das dificuldades de adaptação de toda a família a um novo contexto cultural, com diversas exigências. O adolescente era o porta-voz de todo esse período de crise, refletido num importante fracasso escolar que o envergonhava perante seus colegas e limitava suas tentativas de fazer novas amizades. Sua família o considerava "preguiçoso" e reprimia sua irritação ou raiva, não o autorizando a participar das poucas festas às quais era convidado, salientando que era muito novo.

Observamos outro tipo de relação com o mundo virtual, do tipo aditivo, no qual o adolescente "foge da realidade", aí incluída sua família, que, muitas vezes, vem à consulta por causa dessa conduta excessiva, podendo o filho chegar ao extremo de passar dias inteiros ou noites online sem dormir, num verdadeiro vínculo de dependência com diversos jogos ou redes sociais — também sintoma de um mal-estar interior maior e de conflitos nos vínculos intersubjetivos no grupo familiar.

Nesses casos, é raro poder-se considerar a abordagem da mesma forma que na situação precedente. Trata-se, em geral, de restituir a palavra aos membros do grupo familiar promovendo a possibilidade de simbolizar e explicitar os afetos no contexto do grupo real, numa comunicação direta e não só virtual. Procuramos trabalhar as defesas e conflitos intra e intersubjetivos subjacentes a esses sintomas.

Assinalamos, em particular, o fato de que no mundo do adolescente existem espaços de privacidade. A existência de segredos que não estejam ligados à configuração familiar necessita ser respeitada como própria desse mundo, como o seu diário íntimo, conteúdos de jogos de vídeo, mensagens no FB e outros meios, e em todos os espaços privados — como os "Sims", por exemplo —, a menos que ele expresse o desejo de que sejam compartilhados. Alguns segredos interferem na capacidade de pensar; outros são estímulos ao prazer de criar, sendo considerados como um espaço de liberdade e privacidade.

Segredos de família

O tema do segredo no grupo familiar adquire uma dimensão de mito na medida em que tenta explicar uma determinada realidade na sua estrutura. A palavra tem raiz latina, *"secretus"* que nos remete à ideia de evacuar, separar; existe uma dimensão censurada, um "não conte para ninguém", e ao mesmo tempo emergem "segredos de Polichinelo", nos quais todo mundo intui um fato especial, mas que não pode ser comentado. Segredo é sinônimo do que se esconde ou oculta, e o inconsciente está no nível do oculto e desconhecido.

O segredo transita dentro de uma complexa trama vincular inconsciente. Observamos movimentos opostos, que oscilam entre guardar, esconder ou reter, por um lado, e por outro uma tendência à expulsão, ou seja, a compartilhar o escondido de alguma forma. O conteúdo do segredo não é tão significativo quanto o significado intra e intersubjetivo que o acompanha. Ao se abrir o porão do grupo familiar (caixa de Pandora), encontra-se, às vezes, algum conteúdo da ordem do transgressivo, um luto patológico, uma morte psíquica-física traduzida através de suicídios ou atos violentos ocorridos em outras gerações, algo distante do que acontece no momento da consulta.

O uso de drogas pode fazer parte daquilo que deve ficar escondido, mas envolve outras problemáticas carentes de diagnóstico nas quais é preciso se aprofundar.

Muitas vezes, crianças e adolescentes se sentem inibidos para interrogar sobre temas que envolvem segredos familiares apenas intuídos, aparentemente ligados a outros centros de interesse, mas, no fundo, vinculados ao problema que os preocupa, como no caso de Daniel, um adolescente de 14 anos, introvertido, parecendo "viver num mundo à parte", conforme comentava sua mãe, que viera à consulta por dificuldades escolares do filho.

Vinheta clínica

Daniel passava muito tempo lendo, e entre suas leituras favoritas se encontrava a coleção de Tintim, a quem um psicanalista francês, S. Tisseron, dedica um livro, *Tintim e o segredo de Hergé* (Hors Collection, 1993).

Hergé, o escritor belga criador dessas aventuras, foi confrontado em sua infância com um grave segredo familiar, e organizou suas leituras e devaneios de criança em torno de uma temática que, mais tarde, veio a fazer parte do contexto dramático de *As Aventuras de Tintim* e seus acompanhantes, na busca de um tesouro escondido.

A avó de Hergé tivera dois filhos gêmeos, sem estar casada ou ter um parceiro conhecido. Portanto, tanto o pai como o tio de Hergé mantiveram o nome de solteira da mãe durante os primeiros anos, até seu sétimo aniversário, quando um casamento "em branco" da mãe — quer dizer, só no papel —, arranjado por uma condessa misteriosa, possibilitou ao dois meninos usar o nome "Remi", personagem não identificado sobre o qual se tecem diversas hipóteses.

Anos mais tarde, Georges Remi, o filho mais velho de um dos gêmeos, rebatizou-se a si próprio com o pseudônimo de "Hergé" e se tornou o célebre autor das histórias em quadrinhos de Tintim.

O segredo que o acompanhou durante sua infância estava vinculado à identidade de seu avô paterno. Às vezes comentavam com Hergé que esse avô não pertencia ao lugar, era uma pessoa irrelevante; em outras faziam um mistério especial, dando a entender que era alguém muito importante. Hergé chegou a imaginar que era descendente de algum nobre, ou até de um príncipe ou rei. Por outro lado, é comum na infância as crianças inventarem o denominado "romance familiar", no qual recriam seus "pais" como personagens importantes, tornando-se assim filhos de pessoas "melhores" do que os atuais progenitores.

Quando adulto, já desenhista de histórias em quadrinhos, Hervé lembra a seus biógrafos que durante sua infância e adolescência ficou seduzido e sensibilizado pela novela *Sem família* (1878), de Hector Malot, que conta a história de uma criança que fora sequestrada de seus pais, que eram nobres, e depois criada por uma família pobre. Fica também surpreso pela coincidência dos nomes dos personagens com os de sua família. Suas perguntas sobre as origens de seu pai continuaram sem resposta, mas na criação da obra que o tornou mundialmente conhecido, Tintim é um viajante infatigável, que procura revelar um segredo como aquele que sempre acompanhou seu criador. Tem por companheiro um cachorro e o Capitão Haddock, e na trama há um castelo que tem um nome próximo àquele de suas supostas origens.

Um adolescente ou criança pode, às vezes, usar obras de ficção como modelo explicativo para seus segredos de família, situação que se aproximava à de Daniel, que suspeitava de segredos em sua família e tinha devoção pelas aventuras de Tintim. Sua família de origem, pelo lado materno, guardava histórias secretas no porão: o bisavô de Daniel, que tinha uma fazenda no norte do país, tinha sido morto por vingança, para "lavar a honra" da família de uma moça que era sua empregada. O fato foi guardado como segredo e o motivo de seu decesso registrado como acidental. A mãe de Daniel, Rina, migrou quando pequena para o Rio de Janeiro com o resto da família, e a história ficou aparentemente enterrada até que ela começou a suspeitar do acontecido por uma série de fatos (entre outros, administrativos, que não eram claros). Durante esse período de descobertas Daniel ingressou na escola no 2º grau, seu pai saiu de casa depois de cinco anos de conturbadas brigas do casal e uma frase pronunciada por sua mãe — "a história pode se repetir" — o levaram a diversas fantasias. O pai participou da terapia o tempo suficiente para poder ser elaborada a separação do casal e para Daniel construir internamente a imagem de um casal parental no qual o pai podia continuar em seu papel protetor e sair relativamente "ileso" de seus ataques edipianos. Também ficou liberado (como figura paterna) de um final como aquele que tivera seu bisavô, pressentido em comentários velados de sua mãe.

Algumas violências das quais, ultimamente, crianças ou

adolescentes são vítimas — como o *bullying*, por exemplo —, podem ser mantidas como um segredo para os pais, assim como as diversas violências sofridas pela internet, perpetradas por colegas ou anônimos que os tomam como alvo de perseguição. São situações que podem levar a quadros depressivos e até a tentativas de suicídio, derivações que dependem do nível de confiança e comunicação existente no grupo familiar.

Existem aspectos narcisistas e inseguranças do adolescente que o levam a duvidar se deveria ou não compartilhar com a família fatos que, como dizia um deles, paciente de um grupo familiar, são de sua "intimidade", e, portanto, deveriam permanecer como "segredos", bem perigosos às vezes para seu equilíbrio emocional e físico.

TEMA 7 - PERCURSOS DO VÍNCULO DO CASAL

Caberia questionarmos se os protagonistas do vínculo de casal são centrais no cenário amoroso; me parecem ter importantes coadjuvantes a considerar sob diversos aspectos, desde a antropologia social à psicanálise, e eu perguntaria como participam os grupos internos, a estrutura vincular inconsciente etc. O contexto sociocultural e a história geracional fazem parte desse cenário em diversos graus e intensidades.

Se partirmos da antropologia social, veremos certas características fundamentais na aliança entre duas pessoas. Para estabelecer uma continuidade e uma diversidade sociocultural é necessária a aliança marital, assim como a da filiação, em particular para garantir a interdição do incesto como condição do intercâmbio e da transmissão. A proibição universal do incesto é o fundamento da aliança, sendo necessário tomar uma esposa fora do círculo familiar, facilitando assim as alianças com o grupo ao qual ela pertence.

Lévi-Strauss desenvolveu sua teoria da aliança em *Les Structures élémentaires de la parenté* (1947) [*As estruturas elementares do parentesco*], onde sustenta que é o acasalamento que une e cria uma solidariedade nos grupos básicos que formam a sociedade global, possibilitando uma sociedade com coesão. No pensamento de Lévi-Strauss, a teoria da filiação se opõe à da aliança, porque considera, em primeiro lugar, o vínculo de parentesco entre as gerações, como aquele que possibilita a continuidade dos grupos e a transmissão da vida e da cultura.

Godelier, em sua obra *Metamorfoses do parentesco* (2004),

assinala que os vínculos de filiação se transformam com as mudanças que afetam os vínculos do casal e de parentesco com as novas formas de família. Os vínculos de filiação se separam dos vínculos biológicos e se transformam em vínculos culturais.

Em *Les alliances inconscientes* (2009), Kaës sustenta que deve ser feita a reconsideração nos diversos tipos de vínculo, marcando a oposição entre o vínculo de filiação e os vínculos de afiliação, em relação às alianças diretrizes. Enfatiza que na passagem de um grupo a outro, a exemplo da adoção, as alianças iniciais são questionadas, podendo ser reorganizadas. Existem marcas das diversas alianças, simbolizadas pelas trocas feitas pelo casal que se compromete perante a sociedade, a família e/ ou entidade religiosa a manter seu compromisso — um corte, um traço, um selo, um anel, que significam para um e outro uma referência identificatória, que, psicanaliticamente, precisa ser discriminada no vínculo do casal.

Encontramos um elo entre aliança, obrigação mútua e dívida, o que nos leva a uma breve referência a um tema desenvolvido na antropologia por Mauss: a questão do intercâmbio. As alianças se contextualizam num processo de intercâmbio, e supõem uma doação; a dívida é uma contradoação, e em contrapartida algum benefício é obtido, tendo um valor diferente para cada um dos participantes.

Kaës (2009) salienta que a economia das alianças está sedimentada nos benefícios a receber, por isso é necessária uma confiança no vínculo que ofereça garantias para as realizações pessoais dos sujeitos envolvidos. Por consequência, existe uma constante conexão entre aliança, obrigação mútua e endividamento em todo vínculo, especialmente no acasalamento. O vínculo é resumido por Kaës como uma espécie de experiência e lógica, não "um sem o outro" mas sim o "conjunto do qual formam a parte que os une". Na aliança que sustenta o vínculo encontramos outro processo associado, que envolve o sacrifício de certos objetos psíquicos ou a renúncia a certos benefícios para obter outros. Kaës cita como exemplo o vínculo de Freud com Fliess, depois da intervenção fracassada de seu amigo nas cornetas nasais de Emma E.; Freud renuncia à teoria da psicogênese do traumatismo por acreditar na teoria de Fliess, e, assim, o desculpa desse seu erro para manter seu vínculo de amizade, com tons homossexuais, ao preço de um pacto do negativo. Esse tipo de pacto é muito frequente dentro do grupo familiar e no vínculo entre os casais, onde existem transações da ordem libidinal nas quais o casal se forma sem conhecer no que está apostando inconscientemente. De alguma forma, esse desconhecimento do que cada um coloca em jogo permanece na origem da repetição da eleição do objeto amoroso e os subsequentes fracassos, e aparece manifesto na história dos parceiros.

No decorrer da psicoterapia do casal, se manifestam as modalidades dos processos de identificação projetiva que possibilitaram depositar no outro aquilo que é denegado em si próprio. E quais seriam os diferentes percursos dessas projeções, seja por antagonismo, simetria ou complementaridade? Do ponto de vista da análise vincular, o casal, junto ao analista ou psicoterapeuta, integra um pequeno grupo, com as características de conjunto que descrevemos no início deste livro.

Interessa salientar que a transferência intercasal envolve uma determinação bilateral, de forma que os investimentos nas transferências são regulados pelos ajustes que se estabelecem entre ambos os participantes e a partir de cada um em direção ao outro, além da dimensão intersubjetiva, elemento central do funcionamento na dinâmica de um casal.

Neste capítulo nos centraremos na consulta específica de um casal (com ou sem filhos). Ambos têm em comum o dispositivo e o enquadre, com a sequência de sessões, horários etc. Esclarecemos que tudo pode ser dito, mas que não necessariamente existe a "obrigação de dizer tudo".

A procura de um vínculo de casal, segundo aponta René Kaës (1985), é a busca de um vínculo de afiliação, ou seja, uma tentativa de reparação das feridas da filiação e do reencontro com o vínculo fusional original. A presença de um terceiro terá uma repercussão variável na produção das fantasias que percorrem o vínculo do casal ao longo do processo. O psicoterapeuta será objeto de variadas transferências, circulando inicialmente a fantasia de ficar perante um juiz que definiria a sentença sobre quem é o "bom" ou o "culpado" pelo motivo da consulta, fantasia que acelera as acusações de lado a lado e os discursos de defesa de cada um como vítima ou vitimador.

Eleição do objeto amoroso

O casal, como objeto de estudo da psicanálise, levanta muitas interrogações devido à sua complexidade. Algumas das questões estão sempre presentes, entre elas a de como se define a eleição do objeto amoroso. A estrutura edipiana, o geracional e as alianças inconscientes permeiam sempre o processo de formação do casal.

Os filósofos, poetas, e mesma a psicanálise não conseguem definir algo tão enigmático como o amor, motor manifesto da eleição: quando se tenta dar-lhe uma roupagem definida, esta se desvanece. O estado amoroso, o namoro com eternas juras de fidelidade e continuidade sem fim, veste um manto de idealizações na constituição do vínculo especial que dá início ao acasalamento.

Vamos considerar agora a formação do casal sob a perspectiva psicanalítica. Cada parceiro é objeto de investimentos pelo outro, da ordem das pulsões e suas representações inconscientes (pulsões orais, anais e genitais circulam continuamente).

Ruffiot (1983) se refere ao aparelho psíquico da família APF (Aparelho Psíquico Familiar) partindo da construção que Kaës faz do Aparelho Psíquico Grupal (1976), construção que Ruffiot estende a um Aparelho Psíquico comum ao sujeito e ao casal, um conceito também utilizado por Caillot e Decherf (1989).

Esses organizadores psíquicos estão vinculados à fantasmática do corpo, sendo este um organizador básico do psiquismo. Que imagens são transmitidas nesta dimensão da representação corporal? "Ela(e) é meu eixo", ou "Ele(a) é meu braço direito", imagens elevadas ao infinito nas representações de toda ordem, como o "coração batendo em uníssono". Fazem também parte desses organizadores as fantasias das origens, a castração e a cena primitiva.

O eu ideal do casal resulta de uma construção comum dos parceiros, na qual não se podem admitir diferenças ou dissidências. Eles podem criar e preservar uma posição mitopoética, a partir do desenvolvimento da criatividade. Num momento de crise ou de risco de desmoronamento do vínculo do casal, é possível, a partir de uma terapia conjunta, recriar uma retomada da lenda do mito de origem, possibilitando aos parceiros encontrar um novo sentido na parceria, com um projeto comum mais discriminado.

A criação de um novo espaço transicional significa um trabalho de luto do vínculo idealizado do casal, com a possibilidade de serem retrabalhadas as diversas alianças. Numa situação de crise, um caminho é criar um objeto homomórfico na relação, desenvolvendo condições para tolerar a ambivalência e as diferenças. Os parceiros poderão, desta forma, se aceitar com suas características semelhantes e diferentes.

A partir desses organizadores se articulam os grupos internos próprios ao sujeito, formações intrapsíquicas com uma estrutura grupal e funções específicas de ligação no aparelho psíquico. Os grupos internos, como assinalou Kaës, são organizadores psíquicos inconscientes dos vínculos no grupo e deste com o Aparelho Psíquico Grupal.

Referências da dimensão afetiva sexual do vínculo

Na vida afetiva sexual do casal, encontramos sempre os sinais conscientes ou inconscientes da família de origem, com as configurações narcisistas e edipianas. A eleição do objeto amoroso é marcada inconscientemente pela história geracional, incluída nos circuitos das pulsões.

Podemos pensar o casal com um vínculo específico, que possibilita a realização de sua sexualidade, proibida no espaço familiar (interdição do incesto). Ou seja, seu vínculo é especialmente de natureza sexual e afetiva, atravessado por diversas alianças inconscientes.

Kaës (2009) aponta como sendo condição, e também consequência da sexualidade, as configurações que constituem a matéria psíquica das alianças, sendo estas centrais na formação do vínculo do casal. Quanto a explicitar o que é um casal, trata-se de algo tão difícil quanto a definição do amor, ou seja, tanto um quanto o outro apresentam diversas declinações. Podemos imaginar como metáfora do casal uma partitura a ser executada em diversos tempos, e com variados instrumentos.

Freud e a eleição do objeto amoroso

Freud distingue basicamente dois tipos de eleição de objeto. Em *Três ensaios sobre a teoria da sexualidade* (1925), *Contribuições à psicologia do amor* (1924) e "Introdução ao narcisismo" (1914), fica claro que esta eleição é do tipo narcisista: ama-se o objeto em função do modelo de relação consigo mesmo, tendo peso menor o singular que o objeto representa. Esse tipo de eleição procura encontrar no outro aquilo que cada um percebe em si, aquilo que se tem sido ou aquilo que se deseja ser — em resumo, busca-se um duplo de si mesmo, um espelho, como Narciso.

O segundo tipo de eleição do objeto amoroso se realiza segundo o modelo do escoramento ou apoio (um no outro), algo central na visão freudiana. Em "Introdução ao narcisismo" ele salienta que "se ama: a mulher que alimenta e o homem que protege a linhagem dos descendentes". Resumindo, procuramos nos parceiros certos sinais, a mulher maternal ou o homem que outorga segurança. A oposição entre esses dois tipos de eleição de objeto faz aparecer a origem dos laços que unem os parceiros amorosos, sendo estes da ordem libidinal e narcisista em diversas proporções, resultando assim uma condensação das duas modalidades.

Freud e diversos autores posteriores descrevem a constituição do casal amoroso a partir de um apagamento parcial das fronteiras do eu de cada um, em função de processos de idealização, de clivagem e de identificação, o que tem como resultado um vínculo fusional no qual cada parceiro tem dificuldades para discriminar o outro.

Autores especializados em terapia de casal continuam nesta linha, como Eiguer (1983), por exemplo, que faz a distinção de dois tipos de vínculos: os narcisistas e os de natureza objetal, mas sempre com relação a um objeto parcial.

Berenstein-Puget (1986) mencionam o projeto vital compartilhado como uma tarefa central do casal, o que envolve uma tensão que nasce da distância inevitável entre os sujeitos do vínculo e, dentro da relação, entre os desejos inconscientes de cada um e sua realização por intermédio deste vínculo. Acontece nesse espaço a separação ou o desenvolvimento de um jogo envolvendo os investimentos narcisistas e objetais. Nele circula também o trabalho da pulsão de morte, que se traduz numa alienação de si mesmo e do outro. Os autores apontam o compromisso amoroso surgido num momento de idealização, a partir do qual se procura atenuar o sofrimento e os sentimentos de desamparo originário, como o experimentado pelo bebê. Logo esse sentimento transita para o narcisismo e uma não diferenciação com a mãe. Lembramos aqui o conceito de simbiose de Bleger, descrita por ele como sendo "muda", só ficando evidente quando se produz ou surge uma ameaça de ruptura.

Berenstein-Puget desenvolvem ainda o conceito de uma estrutura de gêmeos para o estado amoroso e o conflito posterior, ligado a uma desilusão. Para eles, o reproche repetido, mais que um sintoma de desentendimento, além de ter um acento quase "psicótico" é um grito do desamparo do qual imaginavam ter escapado a partir da sensação gemelar experimentada no estado amoroso no tempo inicial do vínculo.

Lemaire salienta o sentimento de um "nós", significando um conjunto constituído e mantido numa homeostase cada vez mais independente das variações de cada sujeito. Ruffiot (1984) equipara isso a um psiquismo diádico, ou seja, uma unidade dual.

O importante é considerar a relação amorosa, não como um ato intransitivo, mas como um processo que produz a experiência de amar e acontece no espaço da intersubjetividade. A "sensação de completude", ainda que sendo uma ilusão, é uma das vivências importantes experimentadas no início do vínculo amoroso.

Alianças inconscientes no vínculo do casal

Cada casal faz um percurso singular nos caminhos libidinais, envolvendo a experiência da ilusão e desilusão, atravessando crises de intensidade variada nas diversas experiências de vida, e é neste processo que nos deparamos com as várias alianças e pactos defensivos.

A função do pacto do negativo, como já foi assinalado neste capítulo, percorre a vida do casal, e na próxima vinheta clínica observaremos as diversas tentativas para manter e organizar o vínculo de forma positiva, com seus investimentos mútuos. Outra tarefa do pacto é manter a complementaridade dos interesses e identificações comuns de seus participantes, reconfirmando assim o contrato narcisista.

Eiguer (1998) descreve a terapia do casal "a partir dos intercâmbios verbais dos parceiros, tratados conjuntamente e considerados como uma totalidade. Esta terapia é inspirada pela terapia psicanalítica de grupo. Nesta abordagem, se procura desenvolver a tomada de consciência dos vínculos inconscientes comprometidos pelo casal desde o início do relacionamento, e que aparecem na fonte dos conflitos e mal-entendidos, ao mesmo tempo em que facilitam o restabelecimento da circulação fantasmática entre os cônjuges".

Em função dos movimentos transferenciais e contratransferenciais próprios do enquadre, a terapia analítica de casal considera também as representações dos objetos geracionais, os mitos que criam e as fidelidades de certa forma constrangedoras que tais objetos promovem.

Diversos autores concordam em assinalar a importância do olhar que os outros dirigem para o casal (família, amigos, sociedade em geral), ou seja, não existe um casal isolado a não ser dentro de uma relação dual, o que se articula com aspectos dos organizadores socioculturais.

Os traços da história geracional (especialmente quando traumática) ficam presentes na vida do casal e se tornam visíveis, particularmente, nas situações de conflito, o que aparece no desenvolvimento do genograma.

Vinheta clínica

Ricardo e Liza, casal em torno dos 50 anos, vem à consulta inicialmente por causa da filha única, Bia, de 8 anos, que apresenta "problemas de conduta": é hiperativa, não aceita limites de qualquer ordem e tem ataques de raiva nos quais grita muito alto, chamando a atenção dos vizinhos. Apresenta também problemas na escola.

O casal não sabe como lidar com ela, motivo pelo qual discutem. No decurso do acompanhamento clínico fica em evidência a sua dificuldade para colocar limites; o "ruído" que a filha faz os ajuda a não escutar o que acontece entre o casal, e assim se tece um pacto denegativo.

Depois de algumas sessões de avaliação com o grupo familiar, o atendimento do casal torna-se prioritário. Bia é de certa forma um "porta-voz" da problemática do casal, e para eles tem sido conveniente que a situação continue como está. Durante o processo psicoterapêutico, comentam que "a verdade é que temos medo de nos separar". Lembram que anos atrás tinham consultado dois terapeutas de orientações diferentes, tentando aliviar o conflito de "não poderem viver juntos nem tampouco separados", sem obter avanços significativos. Depois de três anos, com diversas interrupções, desistiram e decidiram se consultar por causa da filha, mas em seguida a prioridade foi redefinida como sendo tratar o casal.

Relatam que moraram juntos por três anos antes de decidirem optar pelo casamento no papel. "São 15 anos de convívio", conclui Liza, ressaltando que foi Ricardo quem "se instalou em casa, eu sempre tive maior autonomia econômica". Este tipo de reflexão em torno de diferenças de toda ordem é constante durante as sessões, e fonte importante de conflitos entre os dois.

Ricardo trabalha na área de informática, se queixa de trabalho excessivo, "com pouca recompensa" — completa Liza. Sua atitude é tímida, tem movimentos lentos com importante sobrepeso e dificuldades para se expressar. A mulher parece completar suas frases e reitera, em geral, uma opinião diferente daquela que ele tenta desenvolver.

Liza parece ser o oposto do marido: muito afirmativa, sempre começa a sessão falando de forma ininterrupta. Procura dar muitos detalhes dos fatos ocorridos. Tinha trabalhado como professora de uma escola secundária, mas parou quando a filha nasceu e depois se interessou pela área de nutrição. No momento está frequentando cursos profissionalizantes, se queixa de falta de tempo por conta dos afazeres domésticos e dos problemas de saúde de todo tipo que a tem acometido nos últimos três anos (o aumento de sintomas somáticos coincide com o ingresso da filha na escola). Se descreve como muito tensa, com frequentes dores de cabeça e transtornos digestivos. As repetidas disputas se vinculam a problemas econômicos e às visitas semanais que o marido faz à mãe idosa.

"Meu problema é a falta de tempo", lamenta Ricardo.

A dificuldade de definições por parte do marido a irrita muito, "inclusive sexualmente, fico cansada de pedir para ele vir para a cama porque estou com sono, ele parece querer dormir com o computador, acho que deve entrar em sites pornô". Ricardo nada comenta, e a dinâmica se repete: as reclamações relacionadas à vida íntima do casal ficam diluídas numa denegação que possibilita a realização de fantasias individuais.

A história familiar de cada um ajuda a compreender a persistência de um vínculo com sofrimento, que envolve um interjogo das relações objetais de cada um e vínculos intersubjetivos no mesmo espaço e temporalidade que, aparentemente, sofrem mútuas interferências.

A mãe de Ricardo, uma pessoa de origem humilde, teve seu filho solteira enquanto morava distante da sua família, sem nenhum apoio de ordem afetiva e material. O pai reconheceu seu filho, a pedido da mãe, quando este ingressou na escola; já estava casado e com uma família estruturada, mas aceitou o pedido de reconhecimento. Desta forma, Ricardo foi inserido em uma filiação biológica e jurídica, mas não necessariamente afetiva, e como figura paterna com vínculos afetivos esse homem tem se omitido.

Em algum momento, Ricardo, que fica sempre emocionado quando se refere à infância difícil e à sua mãe, se lembra de que ela pensou em aceitar que ele fosse adotado, por volta dos três anos de idade, por uma família que gostava muito deles, mas acabou desistindo; ele ficou mais de um ano convivendo com essa família, enquanto sua mãe tinha sérios problemas econômicos e de moradia.

Em uma sessão onde se discutia questões financeiras, Liza teve um "lapso", e em vez de dizer que o marido tinha se adaptado às regras que ela definiu no início da convivência comum em sua casa, disse "adotado". Mais tarde a questão aparece num sonho trazido à sessão, onde ela diz que "parecia ter assumido seu vínculo com Ricardo como se o tivesse "adotado", e eu assinalo: "ficando resignada a tomar conta dele num laço mais próximo do vínculo filial que do marital; assim, Ricardo, não se sentindo legitimado como 'seu homem', brinca de internet até tarde".

Devemos salientar que o trabalho clínico no espaço da intersubjetividade inclui, necessariamente, a consideração da interdeterminação dos diversos espaços psíquicos, as alianças inconscientes, assim como as transferências psíquicas entre o casal. Isso nos leva a um tipo de intervenção que denominamos "assinalamentos vinculares".

Na história pessoal de Liza aparece com clareza sua identificação com uma mãe melancólica e rígida, que a censurava frequentemente. Sempre tiveram um relacionamento difícil, até a atualidade. Seus pais se divorciaram quando ela tinha 10 anos de idade; o pai voltou a se casar e tem pouco contato com ela, que se sentiu preterida por uma filha do novo casamento.

Assim, ambos os parceiros tem carências afetivas importantes relativas às figuras parentais desde a primeira infância, que despertam até hoje sentimentos de desamparo e frustração. No vínculo marital, cada um procura no outro uma compensação por sua solidão afetiva, cada um bate numa porta que não se abre: Liza reclama irritada de Ricardo, que reage resignado e se submete às diversas exigências, das quais procura dar conta sem resultado. A intensidade da situação inconsciente repetitiva torna essa expectativa de acolhida amorosa frustrada e sofrida, e é o que expressa às vezes a filha em seus ataques de raiva, tornando-se um porta-voz do pai menos propenso a essas manifestações; a mãe tem voz própria em suas queixas e abriga doenças diversas de ordem psicossomática, em que o corpo expressa aquilo que não é simbolizado através da palavra.

Como já foi mencionado, todos os materiais psíquicos são potencialmente transmissíveis, desde afetos, valores e fantasmas a formações superegoicas, imagos, modalidades defensivas etc. O afeto é o primeiro elemento privilegiado da transmissão, da qual fazem parte os sentimentos enquistados de culpabilidade, a dor depressiva, a angústia catastrófica. O sujeito está desligado de toda representação, mas já traz em si uma das modalidades de repetição de vivências traumáticas, caracterizadas pela intensidade afetiva e pelo excesso do não simbolizado — essa é uma hipótese de trabalho em torno da fantasmática que atravessa os vínculos do casal.

Em determinado momento do processo, o casal se lembra de que sua vida sexual era mais ativa antes do nascimento da filha, a quem de alguma forma responsabilizam de forma indireta por interferir na sua intimidade conjugal, quando, de fato, nenhum deles coloca limites para evitar que isso aconteça, pelo contrário, favorecem a situação, permitindo que a menina fique na cama com eles quando ela diz sentir medo do escuro, o que faz desde pequena, ou deixando destravada a porta que, durante muito tempo, ficou com a maçaneta quebrada, e assim por diante.

A intimidade do casal fica tolhida por sua ambiguidade, e a filha, de certa forma, é manipulada inconscientemente em sua livre escolha para circular invadindo espaços dos pais. A situação é censurada de forma contraditória por ambos, e a menina faz drama quando é punida pela falta de limites (que não lhe são dados com *clareza*). O casal traz à sessão a preocupação por doenças de pele que toda a família compartilha em diversos graus, no caso da filha um eczema que aparece por temporadas. A mãe sempre tem algum tipo de acne no rosto e o marido se queixa de herpes frequentes nos lábios.

O corpo, de alguma forma, se converte em suporte das sensações e experiências que os vínculos intra e intersubjetivos não conseguiram conter e transformar; a pele sofre ressonância das feridas dos vínculos intersubjetivos e traumatismos familiares. Os membros dessa família fazem "corpo" no sofrimento "à flor da pele", e como descreveu Anzieu (1985), o envoltório psíquico de proteção fica comprometido e "fala" da sua fragilidade.

Pensamos em Bion (1965) com sua noção de "protomental" — sua hipótese concebe o grupo como uma espécie de fusão, na qual físico e psíquico permanecem indiferenciados; dessa matriz nascem as emoções que circulam nos grupos e que, por sua vez, despertam reações defensivas. Esse núcleo de indiferenciação primária vai reaparecer como hipótese básica das teorias gerais do grupo, conforme Bleger e seu conceito de "núcleo aglutinado".

Os tipos de situação que observamos continuamente na clínica de casal e família nos levam a reafirmar a importância de uma reflexão de Kaës (1979), segundo o qual "em todo vínculo intersubjetivo, o inconsciente se inscreve e se expressa muitas vezes, em diversos registros e idiomas: aquele de cada sujeito, no registro do vínculo que formam entre os sujeitos, para eles e apesar deles".

Mencionamos resumidamente a teoria e as diversas escutas possíveis da clínica, algumas vezes se complementando para acolher as crises e o sofrimento que delas deriva.

A teoria da comunicação de G. Bateson (1972) nos dá subsídios para compreender certos distúrbios no discurso, o que, de alguma forma, pode ajudar a elucidar para o casal ou para o grupo familiar certos padrões de comunicação que têm a ver com as repetições inconscientes e formas defensivas de entrar em contato com o outro, como alteridade. Para quem quiser estender-se no tema, recomendo um artigo de minha autoria[9] que pode auxiliar a

---

9. PISANO, Olga R. C. Teoria da comunicação, contribuições à clínica grupal psicanalítica. In: *Gradiva*, Rio de Janeiro, 1987.

compreensão da necessária retradução, no contexto psicoterapêutico e sob a perspectiva vincular, de típicos diálogos, ou "monólogos", especialmente entre casais.

Nessa perspectiva comunicacional não ingressamos especialmente na dimensão inconsciente que estará sempre presente, mas sim pontuamos certas formas de interação manifesta ou explícita e outras de ordem implícita, próximas, porém ao nível inconsciente, pois não há uma fronteira nítida entre umas e outras. Mencionaremos somente algumas mais evidentes ou habituais, entre elas a *polarização*, que define a posição de extremo antagonismo em relação ao parceiro(a). Procuramos mostrar aos casais que circulam nessa dinâmica como chegam a adquirir essa identidade reativa ou distorcida. Na realidade, em muitos casos aparece uma atração não assumida, um desejo de algo que o outro possui e que o parceiro deseja, dentro da lógica da complementação. Um exemplo seria um tipo de colocação como se segue: "Você só é inteligente para o que interessa ao seu umbigo, não me enxerga"; ou "Que boba eu fui de me casar com você"; e assim por diante.

A discordância entre conteúdo e relacionamento envolve uma típica mensagem denominada contraditória, à qual se dedicaram Watzlawick (1967) e o grupo Palo Alto, especializados em teoria da comunicação. Eles afirmam que "em toda comunicação encontramos uma dimensão que aponta para o conteúdo e outra para o vínculo, de modo que a segunda qualifica a primeira, sendo, por consequência, uma metacomunicação". Discussões envolvendo as discordâncias nesses dois níveis são muito frequentes, e esclarecer o que ocorre nesse tipo de informação contraditória colabora para aliviar a intensidade das tensões geradas pelo contraste entre aquilo que se enuncia e o tom de voz, que, por exemplo, desqualifica ou contradiz o enunciado: "Você sabe o quanto sou paciente com você", diz o marido à sua mulher com entonação agressiva, que desqualifica o enunciado "sou paciente". Essas particularidades podem ser complementares às interpretações freudianas em alguns momentos do processo psicoterapêutico.

Trabalhar com a perspectiva das configurações vinculares significa que sempre levaremos em conta a *interdeterminação* dos

participantes no vínculo. Diferentemente da interpretação freudiana, encaminhada a um aparelho psíquico individual, nesse dispositivo nos dirigimos aos dois sujeitos, procurando esclarecer as
intertransferências entre o casal e, eventualmente, incluir o terapeuta — como juiz ou *voyeur*, com as diversas roupagens de um
terceiro. O importante é apontar e interpretar o funcionamento
responsável pelo sofrimento, que não lhes permite ficar bem, nem
juntos nem separados, como já é sabido.

Pode ser útil a imagem do tango, que para ser dançado
precisa de dois parceiros que se acompanham mutuamente em
entrelaçamentos diversos, uma boa metáfora para que o casal em
conflito, com suas vicissitudes, perceba que é o resultado de uma
coconstrução da qual ambos participam.

A intervenção vincular procura ressaltar formas repetitivas
de se comunicar com apoio do inconsciente; mas assinalar um "estilo de mensagens" é um primeiro passo para mergulhar nas fantasias que as sustentam. Pode-se, por exemplo, demonstrar a um
dos parceiros que quando ele fala ou faz algo que considera sem
importância, não está percebendo que o outro responde com uma
reação particular (fica em silêncio, levanta a voz, sai do recinto),
o que leva a um conflito ainda maior. Desta forma não se consegue descobrir o quanto e de que maneira os dois sofrem por estar
envolvidos nesse tipo de vínculo (culpado, maniqueísta etc.). Não
interessa dar aos fatos um nome clínico, mas sim desentranhar os
mecanismos em jogo. A intersubjetividade é o ponto central da
intervenção vincular, com seus percalços ao longo da vida e do
processo psicoterapêutico, o que justifica plenamente o uso desse
dispositivo.

TEMA 8 - GRUPO FAMILIAR E MIGRAÇÃO

Neste início de século, marcado por uma série de mudanças vertiginosas e violências de todo tipo — ecológicas, políticas, econômicas e sociais, entre outras — percebemos o fluxo crescente de correntes migratórias em todo o mundo, envolvendo milhares de famílias exiladas por situações traumáticas, como a guerra, a fome, as ditaduras, com um espectro variado de crises incluindo a procura de melhores condições de vida. Observamos também o frequente deslocamento de empresas para diversos países que possibilitam melhor lucratividade, mas, por outro lado, o grave problema do desemprego que se alastra na Europa provoca importantes migrações pelo mundo inteiro.

Quando o traslado é forçado, sem escolha, configura uma situação de exílio, com vivências de expulsão e perda, gerando sofrimento psíquico muito intenso. A fragilização das estruturas afetivas, culturais e identitárias são traços comuns em maior ou menor intensidade a essas experiências migratórias, que envolvem o sentimento de perda das raízes de origem e a fragilização da sensação de pertencimento.

Neste tema pretendemos articular a problemática da perda de referências de identidade, incluindo não apenas os deslocamentos de um país a outro, mas outro tipo de migrações, dentro de um mesmo território nacional, como de norte a sul do Brasil — regiões com diferenças culturais marcantes, ainda que falando o mesmo idioma. Nossa proposta é também mencionar, ainda que brevemente, migrações no interior do mesmo grupo familiar, que pode ser cenário de estranhamentos e fissuras no sentimento de identidade, como se este tivesse ficado extraviado, ainda que momentaneamente em uma cartografia comum do desejo com referências conhecidas nos diversos vínculos deste grupo.

Os sentimentos despertados envolvem uma perda da ilusão de segurança, uma espécie de vertigem frente ao conhecido--desconhecido de uma experiência diferente, na qual os vínculos intra e intersubjetivos são mobilizados. Isso acontece no caso de uma doença grave inesperada — a descoberta de um problema neurológico como o Alzheimer, ou AIDS, ou um acidente com consequências como paralisia e suas limitações, situações de vida que mobilizam os laços familiares e ingressam também na categoria de situações de crise, que precisam de uma avaliação e ajuda psicoterapêutica, ou, pelo menos, uma orientação psicológica do grupo familiar num percurso de espaços diferentes no interior do próprio grupo familiar, que por momentos deixa de ser conhecido devido a uma mobilização dos diversos vínculos e papéis a desempenhar por causa da "crise", sempre significada como uma mudança brusca. Os filhos passam, às vezes, a exercer uma função "parental" para sustentar uma situação de cuidado material e afetivo que eles próprios, muitas vezes, não têm tido tempo interno e material para transformar em forma processual.

Assinalo essas questões porque nos levam a refletir sobre vivências de crise compartilhadas em intensidades diversas, semelhantes aos conflitos derivados do processo de migração, no qual um certo equilíbrio comum foi quebrado ou fragilizado.

Os importantes movimentos migratórios, que se aceleraram nos últimos anos, originados por múltiplas problemáticas político-sociais, desencadeiam importantes rupturas vinculares com os diversos grupos de pertencimento, em especial o familiar, escolar, profissional, originando muitas vezes lutos não elaborados, além de crises ou patologias de diversas intensidades.

Os efeitos psíquicos da crise ou trauma serão diferentes, caso se trate de um deslocamento desejado e programado, ou de uma decisão forçada quanto à mudança de país, devido a riscos de vida ou sobrevivência econômica, o que configura o exílio. Nestes casos, a sensação de se ter sido "chutado", sem o direito de escolher, dispara sentimentos de impotência e revolta ao longo do tempo, resultando em sensações intensas de perda, podendo levar a estados depressivos que se expandem nos vínculos intersubjetivos, limitando as possibilidades de cada um, no que se refere a transformar os sentimentos de raiva ou frustração. A abordagem psicoterapêutica do grupo familiar pode ajudar a elaborar os lutos e propiciar uma experiência criativa e transformadora.

Encontro com o mundo da cultura

O primeiro contato com o mundo da cultura é intermediado pelo grupo básico, a família, e tem a função de outorgar significações ao universo que o bebê descobre progressivamente, dentro de um espaço transicional (Winnicott) entre seu mundo interno e o mundo de fora. O vínculo mãe-bebê, em sua função afetiva e de proteção, é fundamental no processo de organização do psiquismo, e possibilita esse contato com o mundo, assim como o pai, a partir de sua função de provedor e de interdição. A mãe tem a função de porta-voz: suas palavras, no contexto dos cuidados de amamentar, dar banho, trocar o bebê, estimulam e participam da estruturação psíquica do filho e modelam sua organização libidinal, enquanto o aproximam também de um entorno cultural.

Na experiência de migração é necessário também criar espaços transicionais entre o mundo conhecido, o da cultura de origem, e o novo, de certa forma desconhecido, que poderá ser vivenciado como mais estrangeiro e diferente segundo a qualidade dos primeiros vínculos intra e intersubjetivos.

Os elementos afetivos (medos, ansiedade, desamparo) que o grupo familiar experimenta, nas diversas etapas do processo da migração, incluem a bagagem histórica geracional, numa travessia sem data fixa nem porto de chegada. Nossa função, quando chegam à consulta trazidos por diversos sintomas de seu sofrimento, é de acompanhá-los nessa travessia, ajudando a descobrir os novos horizontes sem necessariamente perder suas raízes — temor que se traduz num desejo de prolongar a ligação ou se aproximar apenas daquilo que é semelhante à cultura de origem.

Cultura e diferença cultural

Cada cultura, intermediada por suas instituições, a família, especialmente, oferece por meio de mecanismos variados uma forma de organizar o caos do mundo, privilegiando determinadas percepções e limitando outras. As normas, rituais, costumes, e particularmente um idioma compartilhado que lhe é próprio, possibilita a seus membros o acesso a uma capacidade de simbolizar, ou seja, de nomear o universo que os rodeia. Todo sistema cultural protege seus integrantes da "obscuridade" do desconhecido, facilitando as referências identitárias.

O psicanalista inglês Donald Winnicott (1975) considera a cultura como um sistema de mediação que articula o código psíquico pessoal (estruturando as identificações, relações objetais, fantasias, sistemas defensivos) e um código social (crenças, valores, rituais etc.). Esse ponto de vista coincide com a visão de Kaës (1998) sobre os organizadores socioculturais do psiquismo. O elo importante na articulação cultura-psiquismo é o grupo familiar e de pertencimento, primordial como provedor de significações. O casal parental articula, inicialmente, essa função para seus filhos no convívio cotidiano, através do idioma, dos hábitos alimentares, rituais, canções etc. A cultura poderia ser imaginada como uma espécie de mapa mental do universo, que possibilita a cada membro de uma sociedade específica se deslocar, pensar, amar e trabalhar, evitando o medo e a perplexidade. Na clínica da migração, devemos considerar a fratura ou fragilidade das balizas da identidade, que sofrem interferências da diferença cultural, e o deslocamento narcisista (um eu encolhido ou supercompensado defensivamente) que caracteriza toda ruptura de vínculos intra e intersubjetivos.

Anzieu (1985) descreveu a importância dos envelopes psíquicos grupais do eu como uma pele de proteção do psiquismo. Essas capas protetoras ficam comprometidas nas travessias psíquicas do processo de migração, especialmente quando este apresenta uma característica traumática (violências de ordens diversas). Tais envelopes estão conectados aos escoramentos ou apoios grupais do psiquismo, derivados dos vínculos familiares, escolares e profissionais, entre outros — ou seja, basicamente, os grupos de pertencimento.

Freud e a diferença cultural

Na sua obra *O mal-estar na civilização* (1929), Freud reflete sobre a estrutura e os processos psíquicos que se articulam no trabalho da civilização. Em sua análise sobre a natureza do mal-estar ele evidencia sua origem centrada na dualidade pulsional de amor e ódio, Eros e Thanatos, desenvolvida em "Além do princípio do prazer" (1920). Esse confronto pulsional é o denominador comum que atravessa a vida inconsciente do sujeito na busca de sua inserção social.

Uma das hipóteses de Freud é que a cultura controla a agressividade dos indivíduos na medida em que exerce uma função de instância do superego, governando uma "vila conquistada". Essa questão compromete as dimensões intra, inter e transubjetivas; de qualquer forma, o "narcisismo das pequenas diferenças" apontado por Freud está sempre presente nessa problemática.

Na esteira do pensamento freudiano, o conceito de diferença se superpõe a maior parte do tempo ao conceito de "estrangeiro", que desperta um sentimento de desprazer e hostilidade que surge na primeira infância e se mantém guardado no inconsciente.

Vinheta clínica

Vejamos uma resumida vinheta clínica referente a uma família com uma experiência de migração 14 anos antes da consulta. Encontramos em sua história geracional algumas marcas traumáticas relacionadas ao período da guerra entre França e Argélia. Trata-se de um processo de reelaboração da migração, reativado pela situação de crise de um filho adolescente e pelo fato de o grupo familiar estar enfrentando mudanças internas importantes.

O casal, de origem argelina, solicita uma entrevista para o filho Kaleb, por indicação de uma professora que chama a atenção para seus problemas escolares e conduta agressiva, que colocam em perigo sua produtividade. Após duas entrevistas, ficam evidentes outras tensões no grupo familiar, como, por exemplo, a insistência de Salima, a mãe, em retornar ao país natal por acreditar que na cidade onde moram (São Paulo) seja muito difícil criar filhos adolescentes. Ela deseja reencontrar sua família, e isso tem provocado discussões entre o casal nos últimos meses. O pai assegura que não está interessado no projeto de sua mulher porque seu negócio na área de têxteis está em expansão, e dá a entender que a família de sua mulher é muito depressiva, porque perdeu vários membros na guerra da Argélia.

A família se compõe do casal — o pai, Kamil, de 49 anos e sua mulher, de 41 — e 3 filhos — o mais velho, Ranyo, de 19 anos, nascido no país de origem, Kaleb, de 13, e Thaís, de 11, ambos nascidos no Brasil, tendo Kaleb nascido 6 meses depois da chegada ao novo país.

Ranyo não compareceu às sessões iniciais, por causa dos horários da faculdade e por acreditar que não tinha problemas com sua família; quando veio, enfatizou seu projeto em curto prazo de ir morar perto da faculdade (Campinas), se possível com sua namorada, possibilidade com a qual sua mãe não concorda.

Alguns meses antes da consulta Kaleb tinha apresentado uma ligeira convulsão na escola, sendo comprovado por exames médicos que não havia problemas neurológicos ou outros com que se preocupar, levando em conta o contexto do episódio, ocorrido no dia seguinte a uma briga entre os pais por causa de seus resultados escolares. Os pais expressaram sua preocupação com um eventual contato do filho com drogas, principalmente devido ao comportamento de certos amigos. O assunto foi discutido numa sessão e ficou evidente uma atitude de desconfiança que irritou

Kaleb, que se sente reprimido pela mãe. Ela diz: "Está vendo? É assim que ele reage quando eu trato de botar ordem". O pai também mostra desconforto com o comentário e concorda que sua atitude é ambígua, quando se trata de definir limites nas discussões entre os filhos ou com sua mulher: "Aqui as coisas são diferentes e ela não entende", ele lamenta com frequência.

Durante essas discussões na sessão, os filhos Kaleb e Thaís permanecem fazendo desenhos ou jogando bolinhas de papel nas costas dos pais e rindo, cúmplices na brincadeira. Parte dos desenhos, porém, mostra tanques de guerra ou brigas de cães ferozes na calçada, com crianças querendo fugir, símbolos creditados ao fato de que se sentiam em perigo mesmo dentro de casa, onde circulava um certo clima de agressividade e brigas entre os pais, despertando nos filhos o medo de que tudo desmoronasse de repente. O mal-estar de Kaleb na escola expressava os mesmos temores: na ocasião, ele lembra, sua sensação era a "de perder o equilíbrio".

A mãe insistia muito com os filhos para que seguissem os seus preceitos religiosos, hábitos alimentares e leituras, e mantinha um controle rigoroso de horários de estudos e lazer. O pai demonstra uma atitude ambígua também no que diz respeito a essas exigências da esposa, muitas vezes a desqualificando como "antiquada" ou autorizando algo oposto ao que ela queria. Durante o processo psicoterapêutico fica evidente a necessidade da mãe de se reafirmar em sua cultura de origem, para não perder as referências identitárias e acalmar suas ansiedades e as do grupo familiar perante as novidades trazidas pela crise adolescente dos filhos mais novos — que procuram, durante a terapia, uma maior inserção e autonomia na nova cultura, denegada especialmente pela mãe e às vezes desqualificada pelo pai.

Na história geracional do casal aparecem lutos mal elaborados por perdas relacionadas a situações de violência social (guerra da Argélia), coisas que preferem "não mencionar" na frente das crianças. Estas, por sua vez, reagem aos comentários brincando de cartas "com surpresas dentro". Uma dessas surpresas é que Ranyo aparece em uma sessão posterior para avisar que em breve estará partindo para Campinas, onde continuará seus estudos e poderá trabalhar — a declaração tem um efeito "bomba" para os pais, que não acreditaram nos projetos do filho anunciados um ano antes, coincidindo com o período em que Kaleb começou a ter problemas de aprendizagem e comportamento agressivo.

A novidade reaviva a experiência de migração como algo "que fragiliza", e destrói o mito das famílias de origem, algo do gênero "família unida jamais será vencida". Paira entre o casal uma sensação de "crime e castigo" por terem feito algo parecido com seus próprios pais, sem levarem em conta que a distância que os separará do filho mais velho fica em torno de 200 kms. Os espaços geográficos e temporais ficam desorganizados, assim como os vínculos familiares. O vínculo que predomina nesse momento entre pais e filhos é a vivência de estarem amarrados a uma tábua de salvação, como proteção do que é percebido como "abandono" pelo filho nascido na terra natal.

Encontramos nessa família sentimentos comuns a outras emigradas de primeira geração, como o dilema da eleição de fidelidades culturais e identificações, como se um duplo pertencimento fosse uma espécie de traição às famílias de origem, às tradições etc.

Thaís, a filha mais nova, é tímida e tem pesadelos esporádicos, comenta a mãe. Mais tarde se observa que estão associados a imagens de guerra, que logo se vinculam às lembranças evocadas pela mãe relacionadas à guerra na Argélia, quando, ela conta à filha, "eu me sentia muito deprimida". Salima esclarece que se lembra de ter perdido dois cunhados, civis, nessa "guerra suja". No dia seguinte a uma festa muçulmana, o pai comenta que uma parte de sua família se limita a alguns nomes gravados em listas de mortos que não tiveram sepultura. Fica evidente no decorrer da terapia que o casal tinha realizado um pacto denegativo de suas perdas e lutos não elaborados.

O êxito profissional do marido nos negócios, somado à chegada dos novos filhos, tinha envolvido a esposa numa euforia que denegava, de certa forma, a dor da mudança de país e cultura. A saudade de familiares, porém, era sempre salientada, embora se sentisse inicialmente compensada por grupos de amigos argelinos em São Paulo. No processo da terapia familiar os participantes atravessaram o que foi denominado "o grande desorganizador grupal", vinculado a uma vivência de morte causada pelas fraturas afetivas desencadeadas ao longo do tempo, Kaleb sendo o porta-voz dessa situação. A terapia os encaminhou para, progressivamente, começarem a enfrentar os medos primários e realizar o luto dos membros da família desaparecidos na guerra, além de elaborar as perdas afetivas no percurso da migração. Dessa forma poderiam aceitar os projetos dos filhos (os do mais velho, em particular), seus próprios planos como casal, com maior autonomia, sem se sentirem ameaçados pela destruição dos laços familiares a partir das transformações de cada um. Os pais parecem mais dispostos a abandonar uma fusão defensiva, proporcionando um convívio mais criativo do casal entre si e no contexto social.

Kaleb e Thaís começaram a frequentar grupos de atividades com adolescentes que também favoreciam a socialização com grupos de pares, Kaleb na área de esportes e a irmã num coral, o que se refletiu numa melhor integração na família e na escola. Esses espaços intermediários de "saída" do grupo familiar incentivam as crianças e adolescentes a entrarem em contato com outras formas e conteúdos de pensamento, facilitando a percepção dos "outros". Podem, dessa maneira, observar outros modelos de conduta, despertar para outros objetos de identificação e diversas formas de satisfazer sua curiosidade. Certamente, outras alianças e pertencimentos poderiam entrar em conflito com a organização da própria família, mas nesse novo espaço podem adquirir a capacidade de "brincar" com sua própria cultura, o que facilita encontros ou "confrontos" ulteriores com a "diferença", e não só a cultural. Na clínica da migração, observamos que as dificuldades se apresentam quando as representações identitárias se tornam inconsistentes, seja porque o contrato narcisista que as sustenta se esvai no novo contexto cultural, seja porque a valorização intragrupal ou intracultural só acontece pela desvalorização ou pela hipervalorização da nova alteridade externa, seja esta social ou cultural. Esse processo na nova cultura é, em geral, acompanhado de uma fragilização narcísica, tendo como consequência uma rejeição da identidade e alteridade internas.

Alguns migrantes, em situação de grave precariedade psicológica e material (situações de exílio traumático) devido à ausência de uma continuidade do idioma, ou de palavras do grupo de pertencimento nas quais é possível apoiar o corpo e o pensamento, chegam a condições extremas, próximas da despersonalização. A crise ficará agravada na medida em que não sejam possíveis mediações culturais que possibilitem representações identitárias (com atividades de diversos tipos) sobre as quais possam se apoiar os diversos processos psíquicos de transformação das famílias migradas.

O grupo intercultural e transdisciplinar

Vinculamos este tema às pesquisas realizadas em torno da problemática intercultural. Com o objetivo de sensibilizar equipes de profissionais que trabalham nessa área, temos promovido com colegas do Brasil grupos de reflexão sobre as metodologias de trabalho de formação utilizadas na Europa (Associação Europeia de Análise Grupal Transcultural). No contexto das Universidades do Norte — Fortaleza, com equipes de assistência à comunidade de Quatro Varas, e Belém do Pará (CEPIG) — foram organizados diversos grupos interdisciplinares com profissionais de áreas variadas, tais como assistentes sociais, médicos, psicólogos e equipes das denominadas Varas de Família.

Metodologia e dispositivo de trabalho da AEATG (Associação Europeia de Análise Transcultural de Grupo)

Essa instituição foi fundada por diversos psicanalistas de grupo, tendo o primeiro seminário ou workshop residencial e intercultural com metodologia da grupoanálise ocorrido em Maastricht, em 1985. Seus grupos se desenvolvem em diversos países da Europa com o objetivo de formação e pesquisa na área transcultural. Nos seminários posteriores foi adotado o regime residencial num campus universitário, o que facilita o ritmo de trabalho contínuo nas sessões e o engajamento nas tarefas propostas, devido ao afastamento dos participantes de seu entorno habitual. O período de trabalho durante os seminários se estendia por quatro dias, com um período de sessões grupais diárias de três horas na parte da manhã e quatro horas durante a tarde. As sessões se organizavam em pequenos grupos de 10 a 12 participantes utilizando um mesmo idioma, o que não significava que tivessem a mesma nacionalidade.

Coordenados por um analista de grupo, sua constituição era previamente definida com um idioma comum, de preferência sem que os participantes se conhecessem entre eles. Uma sessão diária de duas horas durante a manhã integrava os membros dos diversos grupos, num total de 45 a 50 participantes, com uma equipe de coordenadores que dominavam diversos idiomas (francês, inglês, italiano e alemão). Na sessão do grupo "grande" não existia um idioma de comunicação predefinido, assim como não era previsto pelo enquadre de trabalho qualquer tradução; isso era parte do dispositivo de trabalho grupal, favorecendo o encontro com o "estranho e diferente", criando-se, assim, diversos climas de regressão individual e grupal. À tarde funcionavam os grupos de 12 participantes com o mesmo idioma, em duas sessões de uma hora e meia cada.

Esse dispositivo de heterogeneidade cultural e a experiência intensiva grupal contêm, como toda experiência grupal, uma potencialidade de crise à qual se prestava especial atenção a partir dos processos transfero-contratransferenciais junto a uma escuta psicanalítica do discurso individual e grupal. Era considerada importante entre os membros organizadores do encontro a composição da equipe de analistas de grupo, em termos de diversidade sexual, geracional e cultural.

A questão do idioma utilizado, ou de outros que possivelmente circulariam no grupo numeroso, ocupava um lugar importante nos vínculos intra e intersubjetivos. Durante a sessão do grupo maior, o fato de não se dispor de um idioma comum, sem possibilidade de tradução, era vivenciado como uma ferida narcisista, despertando importantes ansiedades pela falta de referenciais de identificação imediatos. Essa situação de "torre de babel", como foi denominada na vivência de diversos grupos, mobiliza aspectos regressivos pela intensidade das angústias primárias, como o medo da fragmentação, ataque e perda, tal como foram descritas por Melanie Klein. Os sentimentos de fragilidade identitária ficavam favorecidos pelo dispositivo específico desse tipo de grupo.

A referência de uma base cultural comum compartilhada, representada por um mesmo idioma que outorga uma ilusão de fusão e proteção grupal, não era mais possível nessa experiência do grupo numeroso, e em consequência se perfilaram as angústias arcaicas mencionadas, criando um clima de opressão com traços depressivos, devido à sensação de perda das balizas de identidade e mobilizando o medo ao desconhecido.

Nos grupos interdisciplinares que tenho coordenado na França e no Brasil, o "idioma comum" se refere à linguagem ou "jargão" utilizado dentro de uma mesma disciplina, o que cria uma ilusão de compreensão e completude sem conflitos. Os temores de se expor, de trocar experiências com profissionais de outras áreas nas ciências sociais, costumam também expressar o narcisismo das pequenas diferenças, traduzidas por alguns participantes como uma tendência a não se manifestar, ou, por outro lado, a fazer comentários de uma forma que desqualifica os diversos "saberes" do "outro desconhecido".

Esses grupos têm por objetivo, além da sensibilização aos aspectos pluriculturais e transdisciplinares, investigar a importância do dispositivo de trabalho de grupo analítico em diversos contextos culturais e na composição de diversas equipes assistenciais.

Conclusões

Constatamos que a problemática da diferença cultural envolvida em todo processo de migração é um tema amplo e complexo, que deve ser abordado a partir de diversas perspectivas teóricas e metodológicas. O grupo intercultural, com seu enquadre psicanalítico e dispositivo específico, possibilita a passagem de diversos conflitos próprios a todo processo grupal e outros específicos desencadeados pela diferença — no caso, a diferença cultural.

Nesse espaço de transição e mediação, facilitado pelo grupo intercultural, transparece em especial a dinâmica da passagem do familiar para o estranho, o que desperta os medos primários.

Freud apontou em seu trabalho "O estranho" (1919) a problemática do duplo, que aparece ocupando a lacuna do outro em mim. Definindo os diversos significados desta palavra, Freud assinala um percurso entre *heimlich* e *unheimlich*, sendo o primeiro termo compreendido como familiar e o segundo como sobrenatural ou estranho, sendo que o estranho é uma dimensão que habita o sujeito, a da alteridade.

No processo grupal dessa experiência do estranho está contida, com suas diversas ambivalências e ansiedades, a descoberta da alteridade e o que esta desperta em cada um de nós.

A referência cultural do terapeuta é uma variável que se considera dentro das pesquisas atuais da AEATG a partir dos workshops que se desenvolvem anualmente, e a consideramos como uma dimensão importante nos atendimentos de grupos de famílias migradas.

Nossa identidade profissional contém diferentes aspectos vinculados ao gênero, nacionalidade, referências geracionais e diversas filiações, como a familiar e profissional — por exemplo, o fato de se pertencer a uma escola psicanalítica ou de grupoanálise —, mobilizadas ao longo do processo grupal, em particular quando se trata de uma experiência de coterapia.

O idioma de origem dos participantes dentro do grupo ou circula, ou é inibido ou recalcado, ou eclode no espaço intercultural. Isso nos remete ao fato de existirem sempre em cada família no mínimo duas línguas ou linguagens: a do pai e a da mãe; a de dentro e a de fora. Esse "entre dois" é intermediário nas diversas fronteiras de experiências de vida, travessias dramatizadas ao longo do processo grupal e transferencial.

A mobilização dos núcleos transgeracionais de alguns participantes possibilita identificar aspectos conflitantes ou ambíguos da identidade — observados na passagem de um idioma a outro nos grupos numerosos. Esse dispositivo grupal possibilita associações de ordem histórico-familiar (ancestrais de diversas origens culturais e religiosas), sendo vinculado aos diversos sofrimentos identitários.

Lembramos que a diferença cultural se sustenta em formações intermediárias que, por sua vez, organizam os vínculos intersubjetivos ou transubjetivos, incluindo as denominadas alianças inconscientes. Tais alianças se traduzem no contrato narcisista, no pacto do negativo e na renúncia pulsional, elementos que integram a malha psíquica da experiência cultural e transparecem na dinâmica dos diversos vínculos da situação grupal, em particular do grupo familiar.

Pareceu-nos evidente nesses grupos interculturais, e nos subgrupos do mesmo idioma ou nacionalidade, a representação de um "nós" identitário perante o diferente ou estrangeiro, com uma tênue fronteira de demarcação, traduzida, às vezes, em uma valoração negativa — algo hostil que vem do "outro", seja este uma pessoa, um idioma, um tema etc. Outra dimensão era a da sedução ou idealização do estranho e diferente, que apaziguava o clima oposto de desconfiança e hostilidade.

Pensamos que o enquadre psicanalítico, com seu dispositivo específico nas diversas situações grupais, possibilita as condições de um espaço continente, reflexivo e de elaboração que a situação da diferença mobiliza, sendo esta um elemento-chave para o encontro com a alteridade.

TEMA 9 - ESCUTA PSICANALÍTICA DOS PROCESSOS GRUPAIS NA T.F.A.

Dispositivo grupal: histórico

As terapias do grupo familiar, sejam de referencial sistêmico ou psicanalítico, colocam em evidência a dimensão plural da origem e dinâmica dos sofrimentos traduzidos em sintomas apresentados por seus membros. Como já foi assinalado, o *eu* emerge de um *nós* que o precede, e, segundo Kaës (1993), o Eu é um "grupo interiorizado".

Nosso referencial teórico para trabalhar com o grupo familiar está vinculado aos diversos conceitos psicanalíticos grupais desenvolvidos no início deste livro. De um modo geral, podemos falar de uma passagem da patologia individual a uma dimensão de sofrimento ou conflito inter e intrassubjetivo, que atinge as diversas configurações vinculares do grupo familiar.

As primeiras discussões psicoterapêuticas relativas ao grupo familiar datam de, aproximadamente, 50 anos atrás, partindo de diversas problemáticas da infância, na época consideradas do âmbito da psiquiatria pediátrica, como os quadros psicossomáticos mais frequentes em crianças e adolescentes. As situações complexas surgidas na clínica da psicose, porém, solicitavam outra abordagem nesse campo. Enrique Pichon Rivière, psicanalista argentino, foi um dos pioneiros no campo da psicanálise, ao considerar a importância do grupo familiar no tratamento de pacientes com estruturas psicóticas em hospital psiquiátrico.

Observa-se uma ruptura epistemológica quando o sintoma da criança ou a patologia psicótica são também decodificados
como uma expressão do sofrimento do grupo familiar em sua totalidade. Na pré-história da terapia do casal e do grupo familiar,
cabe mencionar Jean-Pierre Falret, que em 1877 fez referência a
uma *"folie à deux"* num estudo clínico sobre a interação de duas
pessoas na construção da patologia relacional.

Freud também merece ser mencionado nessa etapa pré-
-histórica da T.F.A. (terapia familiar psicanalítica) com o caso do
pequeno Hans, embora este seja atípico na psicanálise, já que se
trata de uma intermediação do pai da criança no tratamento analítico, orientado pelo mesmo Freud.

Diversos estudos sobre as famílias de esquizofrênicos con-
taram com os aportes teórico-clínicos de Melanie Klein e Marga-
reth Mahler, especialmente no que se refere às relações objetais,
bem como aos aspectos fusionais da relação mãe-bebê. Winnicott
(1965) desenvolveu trabalhos significativos sobre essa díade e a
importância da continuidade do vínculo, modalidades a partir das
quais esses laços podiam se converter em patológicos.

No começo dos anos 1960, Pichon Rivière trabalhava com
grupos de famílias de pacientes psicóticos no Hospital Psiquiátrico
de Las Mercedes, e a partir dessa experiência elaborou uma série
de conceitos, entre os quais o que designava o paciente, em função
de suas características singulares, como o depositário da patologia
do grupo familiar. Seu conceito de vínculo é o de uma estrutura
psíquica dinâmica em movimento contínuo, que inclui tanto o
sujeito quanto o objeto.

Mencionamos também as investigações do denominado
Grupo de Palo Alto, na Califórnia, sobre a teoria da comunicação
(Bateson, Watzlawik)[10] relacionada ao conceito de emissor-recep-
tor e os diversos tipos de mensagens paradoxais e *"double bind"*
[contraditórias] que predominam nas famílias perturbadas, incluí-
dos nas teorias terapêuticas sistêmicas. Alguns de seus aspectos são
considerados também pela terapia familiar psicanalítica, como o

10. PISANO, Olga R. C. Teoria da comunicação, contribuições à clínica grupal psicanalítica, *op. cit.*

conceito de transferência paradoxal desenvolvido por Racamier. Progressivamente, diversas construções teórico-clínicas aparecem como reflexões sobre o grupo a partir de Freud, definindo também, a partir dos anos 1960, o grupo familiar, em avanços posteriores ou simultâneos aos da grupoanálise das escolas inglesa, francesa e argentina.

Em suas obras vinculadas à dimensão coletiva e grupal do psiquismo, Freud descreve o líder (*Totem e tabu*, 1913) como um "objeto" comum investido pelos membros do grupo. Sendo o totem uma formação grupal ideal, e o tabu uma proibição do grupo, o líder representa estas duas instâncias.

Anzieu assinalou a importância para o grupo de encontrar seu corpo imaginário comum. O corpo familiar, como fantasia ou metáfora, seria a prolongação narcisista do indivíduo, assim como o corpo materno é fantasiado pelo bebê como a prolongação narcisista ou extensão do seu próprio corpo.

A representação corpo-psiquismo comum é considerada essencial para a compreensão dos fenômenos psíquicos do grupo, seja do casal ou da família; ela organiza a ressonância fantasmática (fantasias) do grupo familiar. O casal é investido como objeto, seja ao nível interno ou externo, na ressonância fantasmática de si próprio e do grupo familiar, entrando em jogo a dimensão geracional que mencionamos anteriormente.

Conforme Ruffiot (1983), o "aparelho psíquico familiar" é construído pela articulação das fantasias individuais de seus membros no que se denomina de interfantasmática. Nesse espaço fantasiado comum serão construídas as formações ideais e superegoicas. O corpo grupal fantasmático é uma representação ou imagem comum compartilhada por cada um dos membros, da ordem de uma ressonância comum fantasiada. Cito como exemplo o grafismo de um grupo familiar (desenho dos quatro participantes) fornecido em uma sessão: uma árvore forte, com alguns galhos tortos.

Decherf e Caillot (1989) salientam um aspecto relativo ao circuito libidinal familiar que consideramos significativo, e inclui o exercício do poder ou domínio como elemento importante na estruturação do vínculo familiar. O exercício desse poder está relacionado às modalidades de força e autoridade, que, por sua vez, aparecem vinculadas às funções de interdição e regulação, geralmente exercidas pela função paterna.

Sob a perspectiva psicanalítica, o grupo é concebido como um objeto imaginário, não existindo em si mesmo, mas através dos indivíduos que o integram.

Por que a escolha do trabalho psicoterapêutico grupal?

No grupo familiar se mobilizam diversas representações, a partir de seus vínculos, alianças e pactos inconscientes, constituindo o processo terapêutico um espaço para encenar e simbolizar seus sonhos, fantasias e conflitos.

Assinalamos que a instituição (hospital, consultório etc.) onde o grupo desenvolve a terapia analítica age também como disparador do imaginário grupal. Em todo grupo se produzem representações imaginárias comuns, que, por sua vez, estruturam uma representação do mesmo, incluindo as redes de identificações, os mitos grupais e as fantasias originárias.

O próprio analista ou psicoterapeuta, como instituinte do grupo, poderá despertar diversas representações ou fantasias, que em terapia familiar psicanalítica passam a fazer parte do denominado neogrupo (Granjon).

A importância do grupo como espaço privilegiado para trabalhar as disfunções e o sofrimento da família como um todo tem relação com as funções que esse espaço desempenha, como, por exemplo, assinalar lugares e espaços mobilizados pela dinâmica grupal, redefinidos pela fantasia intra e intersubjetiva em cada momento do processo.

O grupo desempenha funções de representação e também de defesa e proteção contra as angústias primitivas (perda, ataque ou aniquilamento). No contexto do grupo familiar, tais defesas aparecem como reação às sensações de desamparo ou claustrofobia.

Observamos a produção e circulação de fantasias intra e intersubjetivas, ou seja, do mundo interno e suas relações vinculares dentro de um macrocontexto sociocultural. A função do grupo, no que se refere às ansiedades e defesas primitivas contra a angústia, nos leva a considerar as construções grupais que procuram regular sua emergência, como consequência da constituição desses vínculos intersubjetivos. Essas construções estão traduzidas nos pactos, acordos e contratos inconscientes do grupo familiar e nos casais.

Existem outros pactos consensuais, regulados pela lei social ou comunitária. A função de proteção que estes desempenham possibilita uma função identificatória do grupo familiar que delimita um dentro e fora do grupo.

Dispositivo e enquadre de trabalho na psicoterapia do casal e família

A partir das primeiras entrevistas de avaliação, e do comum acordo para iniciar um processo psicoterapêutico, se enunciam as regras que possibilitam o trabalho. Estas se referem ao uso da livre associação, ou seja, se explicita a possibilidade de cada participante expressar o que está atravessando sua mente sem maiores entraves. Assinala-se também a regra de abstinência, envolvendo o compromisso de não efetuar nenhum contato com os terapeutas fora das sessões e a possibilidade da restituição, dentro do viável, do material ligado às sessões tratado fora do contexto das mesmas, o que é bastante difícil devido à característica cotidiana das interações. Definem-se horários, um espaço de trabalho e os honorários, assim como o tempo de duração de cada sessão e sua frequência — semanal ou quinzenal. Esclarece-se a possibilidade de uma livre expressão verbal, mas também o respeito ao direito de calar e guardar o que é da intimidade de cada um.

Esse enquadre tem o valor de um envelope psíquico protetor, no sentido do eu-pele assinalado por Anzieu, que funciona como contenção do que é depositado nesse espaço.

Os sonhos, "via régia de expressão do inconsciente" (Freud), são uma valiosa contribuição para uma livre associação entre os participantes, e se enfatiza tratar-se de um material que pode ser trabalhado por todos.

Essa situação, incluindo as regras psicanalíticas mencionadas, possibilita um acesso às manifestações do inconsciente que são mobilizadas no espaço psíquico grupal, facilitando a emergência das transferências no interior do grupo e procurando constituir uma corrente associativa grupal com expressões verbais e não verbais — gestos, movimentos corporais, deslocamento no espaço e forma de se acomodar nele, com mudanças ou não dos respectivos lugares.

O novo grupo, integrado pela família, casal e terapeuta(s), estimula uma reatualização, uma abordagem da situação de transferência com as manifestações e os efeitos daquilo que não foi elaborado e ficou depositado nos vínculos da família, em particular o que está relacionado à parte "obscura" da herança psíquica geracional e as alianças inconscientes, o material recalcado e denegado dos vínculos intra e intersubjetivos.

A escuta psicanalítica grupal supõe ter acesso aos processos psíquicos que organizam as relações entre o psiquismo individual e a intersubjetividade grupal. Palavra, sonhos, jogos e desenhos são expressões que fazem parte do "discurso familiar". O importante é a escuta especial dessa corrente discursiva na sua heterogeneidade e complexidade; procuramos identificar seus pontos de fratura, assim como a tecelagem vincular que expressa sempre uma singularidade de pertencimentos e afetos junto aos conflitos específicos.

As situações conflituosas ou de mal-estar no grupo familiar precisam ser pensadas em função dos vínculos intersubjetivos na interação manifesta e latente dos diversos membros do grupo, assim como no nível intrassubjetivo, ou seja, a dimensão do mundo interno e fantasmático de cada um. O trabalho central da T.F.A. (terapia familiar analítica) será o de reinstalar um vínculo familiar transicional com características de proteção e uma função continente de base, capaz de enfrentar os inevitáveis ataques ao vínculo relacionados aos processos de individuação e autonomia psíquica que se desenvolvem durante uma psicoterapia psicanalítica.

A emergência de *actings* [passagem ao ato] nesses grupos, no caso de pacientes gravemente perturbados ou de adolescentes difíceis, solicita uma especial atenção na preservação do *setting* ou dispositivo de trabalho. Um aspecto da complexidade do grupo é o fato de a família continuar interagindo fora das sessões, o que o torna diferente dos outros grupos terapêuticos.

A disfunção psíquica do grupo familiar, traduzida no sofrimento ou mal-estar da totalidade do grupo ou na sintomatologia — ruidosa ou silenciosa — de um de seus componentes, é o que definirá a demanda manifesta e latente do atendimento. É a partir da interdiscursividade dos membros do grupo que poderemos escutar o nível inconsciente ou o discurso latente. Na corrente associativa grupal será possível perceber o que permanece recalcado ou dissociado, assim como aqueles buracos e vazios de uma transmissão psíquica geracional conflituosa, elementos que permitem aos terapeutas realizar hipóteses de trabalho em forma de assinalamentos ou interpretações, de forma que o material aportado tenha uma possível inscrição no processo de pensar-elaborar, fazendo sentido e possibilitando transformações.

Sob a perspectiva da T.F.A., o grupo terapêutico familiar constitui com os coterapeutas um neogrupo (Granjon), que representa um novo espaço de reconstrução e metabolização do que está em conflito ao revelar os aspectos neuróticos, núcleos psicóticos e traços perversos manifestos nos vínculos intersubjetivos.

Desde as primeiras sessões podemos observar as diversas formas de vínculo e do "estar junto" singular de cada família ou casal, o estilo de se comunicar, as manifestações corporais. Fazem parte da interdiscursividade do grupo a disposição espacial dos membros da família, uns em relação aos outros e deles em relação aos coterapeutas — próximos, colados ou distantes —, assim como os deslocamentos das crianças e adultos como tentativas de quebrar uma configuração espacial. Os ritmos de encontros e separações entre as sessões contribuem para afirmar e interiorizar o vínculo, que possibilita uma proteção ou envoltório como o eu--pele descrito por Anzieu, viabilizando também diversos processos transferenciais a partir do mecanismo de repetição.

Encontramos no espaço da T.F.A. uma causalidade circular, como um modelo holográfico do processo onde o porta-voz do grupo é, ao mesmo tempo, um elemento do holograma e a representação da totalidade do mesmo. A metodologia de trabalho da T.F.A. como referencial psicanalítico parte da hipótese segundo a qual a situação grupal considera os elementos da subjetividade que não puderam se integrar ou ser elaborados no espaço psíquico individual, tendo a possibilidade de serem reconstituídos no espaço psíquico grupal. Sua transformação, pelo processo associativo do grupo, possibilita o restabelecimento da circulação fantasmática e facilita o processo de simbolização, perturbado até então.

Essa metodologia sustenta que a situação grupal ajuda a desfazer algumas identificações patológicas e a reconstruir outras narcísicas e simbólicas, criando condições para que os traumatismos precoces sejam retomados e perlaborados.

Técnicas de mediação

Essas técnicas abarcam diversas possibilidades de expressão dramática, entre elas a gráfica, onde o espaço ligado ao *habitat* do grupo é demonstrado em desenhos, ou trabalhos com massinha, por exemplo. Facilita-se assim também uma expressão lúdica e de fantasias compartilhada pela maioria dos participantes, integrando representações e emoções.

Um exemplo clínico significativo de representação gráfica demarca a intensidade dos afetos de um casal com uma problemática de perdas familiares importantes no período da perseguição nazista, motivo de suas diversas migrações. No desenho, a casa aparecia como um espaço entulhado de móveis, livros e objetos de toda ordem, demostrando o quanto esse espaço comum não podia ser investido como um local de repouso e proteção. O traço ancestral da destruição e do sentimento de não pertencimento a lugar nenhum mostrava sua dificuldade no processo de simbolização, de realizar o luto devido à violência intersubjetiva e coletiva, tanto no discurso como na produção gráfica.

O genograma, ou árvore genealógica familiar, é uma técnica de abordagem da problemática transgeracional, utilizada durante o processo psicoterapêutico como um desenho projetivo e metodologia de pesquisa na representação do "corpo familiar" em sua formação genealógica.

Kaës (1993) afirma que todo grupo se organiza como uma metáfora do corpo ou de partes do corpo. Nessa perspectiva, a família "toma corpo" à medida que deposita, como traços significantes, a representação de sua imagem corporal inconsciente.

Freud definiu o Eu como sendo, sobretudo, um eu corporal (*O ego e o Id*, 1923): as funções mentais surgem progressivamente das funções corporais ao longo dos primeiros anos de vida. A percepção do eu acontece como diferenciação progressiva a partir do binômio mãe-bebê.

Schilder (1968) nos ofereceu o primeiro conceito de imagem corporal ao assinalar que só é possível construir nossa imagem corporal a partir do contato com os outros. Essa imagem é a representação de um limite, que funciona como referência estável e protege o eu. O corpo real e sensorial é também uma das bases da estruturação psíquica do sujeito.

Cuynet (1994), por sua vez, assinalou que a identidade do sujeito se apoia na representação figurativa e afetiva de sua vivência corporal, uma representação que é feita de opacidade e clareza a partir das projeções libidinais dos "outros" afetivamente significativos. As técnicas de mediação utilizadas no contexto do processo psicoterapêutico, com diversos grafismos, ajudam a trabalhar essas representações.

Como recurso técnico, o genograma é também utilizado pelos terapeutas sistêmicos como fonte de informações, sendo que essa linha de abordagem não inclui as dimensões projetivas e inconscientes presentes no processo de construção e elaboração do grafismo, que está inserido no referencial psicanalítico através do interjogo dos fenômenos transferenciais. Dentro do contexto sistêmico, o grupo familiar recebe uma folha para confeccionar o genograma, com indicações precisas de códigos específicos para designar sexo, estado civil etc. no desenho das linhas geracionais.

O esquema corporal poderia ser pensado como uma função instrumental do corpo, que ajuda o sujeito a se posicionar no espaço ao nível pré-consciente ligado às experiências motoras, como, por exemplo, no caso do membro-fantasma do amputado. Aliada a esse esquema funcional, a noção de imagem do corpo constitui o lugar das representações das pulsões e dos desejos inconscientes do sujeito, imagem vinculada ao narcisismo de cada um, tendo como pano de fundo uma história singular e inter-relacionada com os outros. As patologias importantes se explicariam pela dissociação entre o esquema corporal e a imagem do corpo, como consequência das carências precoces da criança durante o período de estruturação de seu psiquismo, especialmente no espaço do vínculo-mãe-bebê.

A psicanalista francesa Gisela Pankow (1977) assinala que as dissociações de personalidade que encontramos nas psicoses corresponderiam a "uma maneira de estar no corpo" de forma que os espaços vivenciados não são mais resgatados, perdendo assim um limite e criando uma confusão entre o dentro e o fora. Pankow utiliza a noção da imagem do corpo considerando dois eixos: um como forma, ou *"gestalt"*, que nessa estrutura se refere a um vínculo dinâmico entre as partes do corpo e sua totalidade; e outro referente ao fato de ser um conteúdo como representação simbólica, outorgando ao mesmo tempo um sentido e vinculando as partes como um todo.

Uma das hipóteses de Pankow, a partir da clínica com psicóticos, é que as falhas na imagem corporal de alguns doentes psicossomáticos corresponderiam a zonas de destruição na estrutura familiar desses pacientes, o que nos conduz, por outro lado, a uma dimensão grupal da imagem corporal, na medida em que as fissuras egoicas se correspondem com patologias do eu corporal familiar.

Para compreender o impacto da representação do corpo

grupal familiar nas imagens patológicas desses pacientes seria preciso retroceder ao momento do nascimento, considerar o reagrupamento que se produziu nessa ocasião e observar o recém-nascido, procurando encontrar semelhanças, evocando vivos e mortos para assim desencadear o processo de filiação.

O genograma familiar

Partimos dessa breve introdução para desenvolver a hipótese de trabalho na qual a família deposita em um grafismo a representação do "corpo familiar". Tratamos de incluir essa técnica como um desenho projetivo de livre expressão, através do qual a família representa ao longo de várias sessões, segundo seu estilo e modalidades, sua própria imagem da arvore genealógica familiar. Todos os membros do grupo participam contribuindo com aquele que efetivamente desenha; procura-se associar sequências de datas significativas, como nascimentos e decessos, às lembranças e emoções que dão início ao processo de rememoração intersubjetiva durante a execução do desenho.

Podemos considerar o genograma, dentro das técnicas de mediação — técnicas que favorecem a emergência de emoções, identificações e processos associativos no grupo —, como um processo intermediário, transicional, que favorece a simbolização. O material, ou seja, o desenho do genograma e os instrumentos para sua realização, fica exposto e disponível para consulta em todas as sessões, como referência para posteriores associações e elaborações, formando parte do *setting* psicoterapêutico com suas repercussões transferenciais. Pode acontecer um esquecimento de dispor o material à vista de todos na sessão, o que, caso ocorra, merece uma revisão do conteúdo transferencial do terapeuta ou da equipe de terapeutas.

Essa produção gráfica grupal terá a dimensão de um espaço transicional, ativando ao mesmo tempo os diversos processos de transferência-contratransferência em torno do grafismo e da configuração do grupo que o trabalha. No decorrer das sessões se vai outorgando sentido aos diversos elementos, na medida em que se desenvolve a mitologia familiar e as características com as quais cada um reveste o self identitário grupal (superidealizado, desvalorizado etc.).

Pesquisando o genograma do grupo familiar de Arnelle, vinheta clínica mencionada em *O legado familiar* (2000), descobrimos dados incompletos evidentes no grafismo, vazios geracionais deixados de lado pelos diversos decessos, e que elaboramos posteriormente. Esse trabalho teve particular importância para que a família recobrasse uma imagem identitária, fraturada pela história da filiação "transgressora" da bisavó de Arnelle, uma espécie de membro-fantasma de um corpo ancestral que quase tornou as respectivas figuras parentais irrecuperáveis para as gerações subsequentes.

À semelhança do eu-pele descrito por Anzieu, que funciona como envoltório de proteção e diferenciação do dentro e fora, esse eu-pele do grupo familiar se apoiava em cada um dos seus componentes com uma função de ossatura ou esqueleto figurado, sem o qual o "corpo familiar" se enrugaria ou desvaneceria, como se lhe faltasse a coluna vertebral. Assim, a criação de uma forma gráfica do "esqueleto geracional" permite ao grupo um espaço de depósito e recuperação do impensável, a partir das diversas representações que tomam forma no processo psicoterapêutico.

Uma interpretação da função de contenção do esqueleto ou corpo familiar representado pelo grupo só poderá ser compreendida a partir de uma leitura da figurabilidade espacial do corpo familiar. A relação entre os diversos membros da família, estejam vivos, mortos ou desaparecidos, ganha sentido pelo vínculo dinâmico e tópico que existe em função da totalidade da constelação familiar e da travessia do desejo — que surge ao longo do processo psicoterapêutico.

A imagem da arvore genealógica, na qual o grupo familiar se projeta, constitui uma espécie de espelho geracional que adquire sentido no processo de existência do grupo. E difícil, ou impossível, reproduzir uma única imagem que condense as diversas formas de produção gráfica, pela enorme variedade de volumes, contornos e vazios que se desenham como expressão de uma produção grupal singular, a de cada família ou casal.

Apresentamos abaixo um diagrama figurado, como uma referência dos diversos elementos geracionais a serem considerados, projetados nos eixos da verticalidade e horizontalidade que se encolhem ou expandem quando observamos cada desenho em sua totalidade.

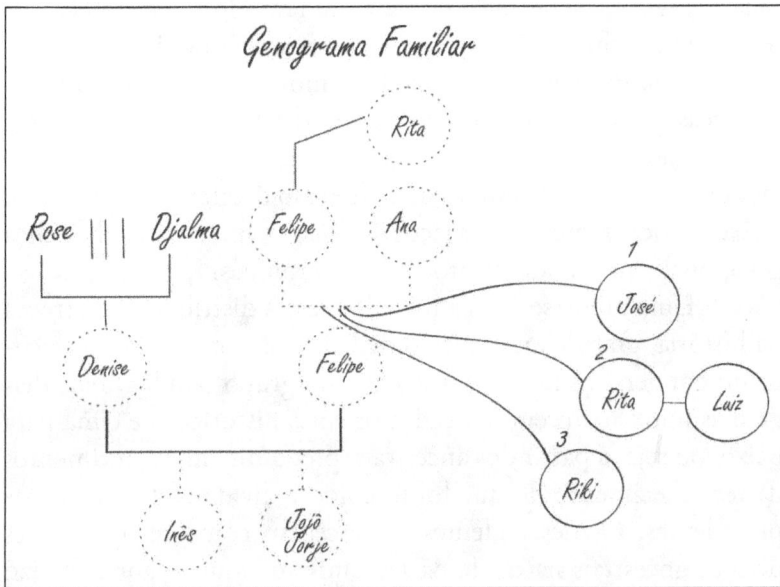

Genograma Familiar

Este desenho é um dos que foram realizados pelo casal de um grupo familiar, que veio à consulta por causa de problemas com os filhos de 8 e 10 anos. O marido, Felipe, é quem faz o gráfico; seus pais se separaram, o pai voltou a casar, e ele coloca na lateral direita os meio-irmãos e uma irmã com seu marido superpostos no mesmo espaço. Fica um desequilíbrio espacial na configuração das respectivas famílias. Nesse primeiro desenho não aparecem avós ou bisavós de nenhuma linha parental, e mais tarde se observará como é difícil comentar as respectivas histórias geracionais, devido aos diversos segredos que as envolvem.

Em linhas gerais, será possível observar estruturas em que os filhos são representados na base da folha, mas remontam em direção aos avós ou ancestrais. No caso do casal analisado, ficam na base da folha, aparecendo por cima de Jorge o apelido do filho, Jojô. Outros diagramas mostram uma pirâmide começando no alto da folha, com os antepassados ou algum ancestral mítico.

A partir do casal, tido como referência inicial, o desenho adquire contornos especiais, uma vez que cada construção da linha materna ou paterna os separa ou aproxima, com os elementos significativos da genealogia de cada um levando a associações que se referem, inclusive, à emergência das fantasias originárias.

Algumas das imagens gráficas mostram, no sentido vertical, áreas expressivas da figurabilidade corporal, algumas mais sobrecarregadas e outras mais leves, ressaltando vivências de confusão, desequilíbrio, clareza ou destaque. No diagrama apresentado, o eixo vertical representa os laços de filiação, incluindo a diferença geracional e marcando os processos diacrônicos.

Uma hipótese mais ampla descreve a distribuição de traços da história, grafados no sentido de baixo para cima, como veiculando em geral os ideais e aspirações do grupo familiar. Nos diagramas onde aparecem marcados os eixos históricos de cima para baixo, ou seja, a partir dos ancestrais, predominam os sentimentos de reconhecimento do que foi recebido e dívida com as gerações precedentes. Os descendentes se percebem como representantes de seus ancestrais na tarefa da transmissão, aqui e agora. O eixo horizontal se refere aos processos sincrônicos que representam o vínculo de aliança, marcado pela diferença sexual; aqui podemos perceber as metonímias corporais, assim como as simetrias esquerdo-direito representando o materno e o paterno. O filho é o fruto da convergência de vários outros, vínculo comum de duas linhas heterogêneas (paterna-materna) que tem a tarefa de prolongá-las, no sentido de assumir o contrato narcisista.

Sob o nosso ponto de vista psicanalítico, consideramos o grupo familiar como organizado pela lei edipiana e intergeracional, o que nos serve de referência para a leitura do material projetivo do genograma. Nossa observação clínica nos indica que a arvore genealógica se apoia tanto na verticalidade quanto na horizontalidade.

Nas representações das famílias seriamente perturbadas, ou com estrutura psicótica, encontramos com frequência o filho colocado no alto da pirâmide, numa espécie de autoengendramento em que este dá vida a seus pais e ascendentes num espaço geracional megalomaníaco, convertendo-se, desta forma, no ego ideal de toda a família. Já nos diagramas onde o discurso histórico grupal em torno dos ancestrais é privilegiado, observamos o peso de sua função superegoica gerando um forte sentimento de veneração e respeito.

Algumas figuras ancestrais adquirem uma função marcante de ego ideal, interferindo na circulação da energia libidinal familiar pela posição onipotente que lhes é outorgada, ou por serem uma linha de referência única na repetição do idêntico, como, por exemplo, nos casos de desproteção ou maltrato. Nessa configuração encontramos estados de luto não elaborados, convertidos em criptas e fantasmas que não deixam os vivos viverem sua própria vida.

Concluindo, a utilização do genograma no processo da terapia analítica familiar possibilita a passagem do implícito ao explícito, além de uma decodificação da imagem inconsciente do corpo familiar a partir de uma leitura temporal, diacrônica e sincrônica, entre as partes e o todo. Perante esse espelho transgeracional oferecido pela construção do genograma, cada participante da família procura no corpo grupal uma referência que sustente sua identidade.

Transferências-contratransferências no espaço da T.F.A.

Os fenômenos transferenciais se iniciam a partir de uma demanda, seja ao nível da informação, seja no processo psicoterapêutico, nesse caso, do grupo familiar.

As vicissitudes desse binômio no contexto da "cura tipo" têm sido objeto de reflexão, numa perspectiva histórica, de diversos autores. Heinrich Racker (1957) e Malcolm Pines (1983) assinalaram o fato de que, num primeiro momento, só se trabalhava sobre o material "transferido pelo paciente", como se a contratransferência não existisse. Posteriormente, esta foi reconhecida como um elemento de complicação no vínculo terapêutico, e só nos últimos 40 anos foi redefinida como uma fonte de informação importante do paciente, que provoca ressonância psíquica e até corporal no analista ou psicoterapeuta.

Assinalamos que a capacidade de transferir é um fenômeno universal na vida de todo ser humano, e está vinculada aos processos inconscientes. Francis Pasche (1975) definiu a transferência como "uma reatualização de desejos, afetos e sentimentos experimentados na relação com os pais na primeira infância e dirigidos agora a um novo objeto — analista(s) —, não sendo o seu comportamento justificado pela pessoa".

No que se refere às terapias vinculares, Kaës (1998) definiu as transferências laterais, por ele denominadas intertransferências, um conceito ao qual o meio psicanalítico inicialmente resistiu, mas que foi finalmente integrado como um tipo de transferência grupal com características específicas com relação a:

a. transferência central para o(s) terapeuta(s);
b. outros membros do grupo (intertransferências);
c. o grupo como objeto;
d. o mundo exterior.

No caso do grupo familiar ou casal, pela própria interação natural, emergem com maior intensidade as diversas transferências laterais mencionadas, já que os vínculos entre os diversos membros continuam além da sessão de terapia. Por outro lado, as representações do imaginário grupal estão consolidadas de forma especial.

Retomando um dos eixos de nossa reflexão, no que se refere às perturbações da transmissão psíquica e sua possibilidade de escuta e compreensão no espaço da T.F.A., salientamos que a intensidade do investimento psíquico intertransferencial nos conduz a privilegiar o trabalho psicoterapêutico em coterapia.

Conclusões

Mencionamos aqui as características do dispositivo grupal da T.F.A., no qual se instaura uma aliança terapêutica entre duas filiações: a da família e a dos psicoterapeutas, criando o nível bigeracional onde serão dramatizados aspectos da transmissão. As definições feitas em torno do enquadre também são significativas.

O projeto psicoterapêutico permite que cada um seja sujeito no grupo e sujeito do grupo, como assinala Kaës. A escuta psicanalítica nessa situação possibilita a abordagem e o trabalho das formações e dos efeitos da transmissão psíquica.

A possibilidade de incluir aspectos complexos da contratransferência, que se manifestam nos terapeutas na área do pensar, da ruminação do material, e no nível corporal se traduzem em sonolência, dores de cabeça e cansaço ou tensão corporal nos grupos de reflexão clínica, permite uma maior compreensão do que está sendo depositado sem outra possibilidade de expressão. Em minha experiência clínica com família de psicóticos, numa equipe de coterapia com Pierre Benghozi na França, foi muito importante a reunião posterior às sessões, para elaborar a intensidade das transferências e contratransferências e ter uma melhor compreensão do material psíquico que tinha percorrido o espaço psicoterapêutico.

O fenômeno transferência-contratransferência é sempre objeto de reflexão e pesquisa, na medida em que estrutura um discurso inconsciente e traduz diversos mecanismos defensivos e níveis da fantasmática familiar, que se atualizam e reeditam numa nova experiência (neogrupo) no contexto do processo da T.F.A.

O trabalho central da T.F.A. é possibilitar um espaço familiar transicional, com características de proteção e uma função continente de base, capaz de conter os inevitáveis ataques aos vínculos relacionados aos processos de individuação e autonomia psíquica de seus membros devido ao fato de serem sempre ambivalentes, ou em alternância com os movimentos desse processo.

Durante muitos anos, a incidência do contexto social sobre os processos transferenciais na escuta do psicanalista foram minimizados no espaço da cura, da terapia familiar e na grupoanálise e instituições. Existia um pressuposto pelo qual os processos inconscientes e o enquadre de trabalho se manifestariam apenas em relação à história do(s) paciente(s), do grupo familiar ou do casal, independente da história atual e do contexto social no qual estamos todos inseridos. As diversas e aceleradas mudanças no tempo "global" do entorno sociocultural, como lembramos, levam atualmente a uma avaliação mais integrada dessas interferências nos conflitos do grupo familiar e casal.

No espaço grupal familiar são abertos os arquivos da família, às vezes como uma caixa de Pandora, despertando histórias recalcadas, traumatismos geracionais e medos de uma fragmentação, singular e grupal, que precisam ser contidos dentro do espaço psicoterapêutico. Isso é possível pelo enquadre e pelo trabalho de ressignificação possibilitado pela interpretação da polifonia grupal e da singularidade de cada voz.

Isso significa trabalhar com os diversos espaços psíquicos, intrassubjetivos, intersubjetivos e transubjetivos, enunciados no tema inicial de nossa travessia, possibilitando mudanças a partir de uma reorganização tópica desses espaços psíquicos e promovendo uma melhor diferenciação dos mesmos de forma articulada, evitando a aglutinação e condensação com o espaço do grupo familiar, ou seja, facilitando a discriminação. Ao mesmo tempo, observamos a emergência de um lado lúdico-criativo que estimula as transformações das subjetividades comprometidas.

REFERÊNCIAS BIBLIOGRÁFICAS[11]

Abraham, N.; Torok, M. (1997). *A casca e o núcleo*. São Paulo: Escuta.

Anzieu, D. (1985). *Le moi peau*. Paris: Dunod.

Aulagnier, P. (1975). *La violence de l'interprétation*. Paris: PUF.

Bateson, G. (1972). *Pasos hacia una ecología de la mente*. Buenos Aires: Lohlé.

Berenstein, I. (1991). (Org.) Familia e inconsciente. Buenos Aires : Paidós.

Bergeret, J. (1984). *La violence fondamentale*. Paris : Dunod.

Bion, W. (1965). *Passage de l'aprentissage à la croissance*. Paris: PUF.

Bleger, J. (1975). *Simbiosis y ambigüedad*. Buenos Aires: Paidós.

Caillot, J.P., Decherf, G. (1989) *Psychanalyse du couple et de la famille*. Paris: A.PSY.G.

Castoriadis, C. (1990). La crise du processus identificatoire. *Connexions*, 59.

Darchis, E. (2000). L'instauration de la parentalité et ses avatars. *Le divan familiale*, 5.

Eiguer, A. (2004). *Le pervers narcissique et son complice*. Pa-

---

11. De acordo com o estilo APA - American Psychological Association.

ris: Dunod.

Eiguer, A. (1997). La part maudite de l'heritage. In: *Le générationnel.* Paris : Dunod.

Eiguer, A. (1987). *La parenté fantasmatique.* Paris: Dunod.

Enriquez, M. (1986). Le délire en héritage. *Topique*, 38.

Freud S. (1971). *Malaise dans la civilisation.* Paris: PUF. (Trabalho original publicado em 1929).

Freud, S. (1996). *Contribuições à psicologia do amor.* Edição Standard Brasileira das obras completas de Sigmund Freud. Rio de Janeiro: Imago (Trabalho original publicado em 1924).

Freud S. (2004). *Introduction à la psychanalyse.* Paris: Payot. (Trabalho original publicado em 1920).

Freud, S. (1979). *Introducción al narcisismo.* Obras completas, Vol XIV. Buenos Aires: Amorrortu (Trabalho original publicado em 1914).

Freud S. (1973). *Totem et Tabu.* Paris: PUF. (Trabalho original publicado em 1913).

Granjon, E. (1989). Transmission psychique et transfert en thérapie familiale psychanalytique. *Gruppo,* 5. Paris: Ed. Apsygée.

Granjon, E. (2001). A elaboração do tempo genealógico em T.F.A. In: Ruiz Correa, O. (Org.) *Avatares da transmissão psíquica geracional.* São Paulo: Escuta.

Green, A. (1983). *Narcissisme de vie, narcissisme de mort* Paris: Minuit.

Guyotat, P. (1980). *Mort/ naissance et filiation.* Paris: Masson.

Gutton, P. (1991). *Le pubertaire.* Paris: PUF.

Kaës, R. (2003). *Espaços psíquicos comuns e partilhados.* São Paulo: Casa do Psicólogo.

Kaës, R. (1994). *La parole et le lien.* Paris: Dunod.

Kaës, R. (1993). *La transmission de la vie psychique entre générations*. Paris: Dunod.

Kaës, R. (1993). *Le groupe et le sujet du groupe*. Paris: Dunod.

Kaës, R., Ruiz Correa, O. (1998). *Différence culturelle et souffrance de l'identité*. Paris: Dunod.

Lévi-Strauss, C. (1947). *Les structures rudimentaires de la parenté*. Paris: Mouton.

Morin, E. (1979). *El concepto de crisis*. Buenos Aires: Ediciones Megalópolis.

Puget J., Berenstein, I. (1988). *Psicoanálisis de la pareja matrimonial*. Buenos Aires: Paidós.

Racamier, J.P. (1992). *Le génie des origines, psychanalyse et psychose*. Paris : Payot.

Ruiz Correa, O. (2001). *Os avatares da transmissão psíquica geracional*. São Paulo: Escuta.

Ruiz Correa, O. (2000). *O legado familiar*. Rio de Janeiro: Contracapa.

Ruiz Correa, O. (1999). Segredos de família. In: Ramos, M. *Casal e família como paciente*. São Paulo: Escuta.

Ruiz Correa, O. (2003). A intersubjetividade nos processos de transmissão psíquica geracional. *Psicologia USP*, vol. 14, n. 3. Disponível em http://www.scielo.br/pdf/pusp/v14n3/v14n3a04.pdf

Ruiz Correa, O. (1991). Groupe familial et migration. *Connexions*, 58.

Ruiz Correa, O. (1987). Teoria da comunicação, contribuições à clínica grupal psicanalítica. *Gradiva*, 440.

Rouchy, J. C. (2008). *Le groupe, espace analytique : Clinique et théorie*. Toulouse: Érès.

Tisseron, S. (1997). *El psiquismo ante la prueba de las generaciones.* Buenos Aires: Amarrortu.

Tisseron, S. (1996). *Secrets de famille mode d'emploi.* Paris: Ramsay.

Touraine, A. (1992). *Critique de la modernité.* Paris: Fayard.

Winnicott, D. (1978). *Da Pediatria à Psicanálise.* Rio de Janeiro: Francisco Alves.

Winnicott, D. (1971). *Jeu et realité.* Paris: Gallimard.

Esta obra foi composta em Adobe Garamond 12/14.
Impressa com miolo em offset 75g e capa em cartão 250g,
por Createspace/ Amazon.

www.ingramcontent.com/pod-product-compliance
Lightning Source LLC
Chambersburg PA
CBHW050122280326
41933CB00010B/1204